Les ressources naturelles dans les conflits armés en République démocratique du Congo

Collection **D**éfense, **S**tratégie & **R**elations **I**nternationales
(D.S.R.I)
(Dirigée par **François Manga-Akoa**)

Depuis la chute du Mur de Berlin le 09 novembre 1989 qui a entraîné celle du Bloc socialiste est-européen dirigé et dominé par l'Union soviétique, puis celle de l'URSS le 08 décembre 1991, signant ainsi la fin de l'affrontement entre les pays du pacte de Varsovie et ceux de l'OTAN, la guerre a pris plusieurs formes inédites jusqu'alors. Le terrorisme international, les guerres asymétriques, la guerre économique se sont exacerbés grâce au développement exponentiel des nouvelles technologies de l'information et de la communication. Par ailleurs, la privatisation de l'usage de la force, jusqu'alors réservé à l'Etat, a rendu possible l'externalisation de plusieurs services de l'Etat. En effet, plus que jamais, se vérifie l'adage de Héraclite qui affirme que la guerre est la mère de toute chose. Tel un veilleur qui attend l'aurore, la collection **D.S.R.I** scrute l'horizon de ce nouveau siècle, décrypte et prospecte l'actualité internationale en ses aspects politiques, diplomatiques, stratégiques et militaires.

Déjà parus

Thierno Mouctar BAH, *Architecture militaire traditionnelle en Afrique de l'Ouest*, 2012.
PRAO Yao Séraphin, *Le franc CFA, instrument de sous-développement,* 2012.
Salim Oussène Sanka DANKORO, *La scène internationale à l'heure des menaces terroristes*, 2012.
Kaïdar AYOUB et Mohi Eldine EL SHEIKH YAHIA, *Comment venir à bout du conflit au Darfour ?*, 2012.
Mohamed Saleck OULD MOHAMED LEMINE, *Mauritanie : l'espérance déçue. 2006-2008 : une démocratie sans lendemain*, 2012.
Victor HAMENI BIELEU, *Politique de défense et sécurité nationale du Cameroun*, 2012.
Bernard FONTAINE, *Les armes à énergie dirigée. Mythe ou réalité ?*, 2011.
Gabrielle FOY, *L'influence de la communauté sur la géopolitique argentine, de 1850 à nos jours*, 2011.

Félicité Kourra Owona Mfegue

Les ressources naturelles dans les conflits armés en République démocratique du Congo

PRÉFACE DU PROFESSEUR JOSEPH OWONA

L'HARMATTAN

5-7, rue de l'École-Polytechnique ; 75005 Paris

http://www.librairieharmattan.com
diffusion.harmattan@wanadoo.fr
harmattan1@wanadoo.fr

ISBN : 978-2-336-00177-7
EAN : 9782336001777

En hommage reconnaissant :

- À mon père : Monsieur le Professeur Joseph OWONA, pour la vocation

- À ma mère : Madame Oumou OWONA GUINDO, pour l'abnégation

- À ma fille : Chiara, pour l'exaltation

- À Ferdinand N. N., pour l'inspiration

- À François M. A., pour le don

- À Francis et Léonie DADA WEGA, pour la compassion

- À Armando, d'Angelosante, pour la passion

« Sur le sommet de Kalabi
Se dresse un haut fourneau,
Un haut fourneau au large ventre,
Héritage de notre père Lupadila,
Un haut fourneau dans lequel
Le cuivre coule et ondoie.
Ô ma mère ! Ô ma mère ! »

Fernand LEKIME*, La mangeuse de cuivre. La saga de l'union minière du Haut-Katanga, 1906-1966,* Bruxelles, Librairie Ausone, Collection Grands documents, Didier Hatier, 1992, 312 pages, inédit.

Sommaire

Liste des abréviations

AFDL : Alliance des Forces Démocratiques de Libération

AFED : Amis de la Forêt et de l'Environnement pour le Développement

AGK : AngloGold Ashanti Kilo

AMG : Advanced Metallurgical Groupe

ANR : Agence Nationale de Renseignement

APC : Armée du Peuple congolais

APPG : All Party Parliamentary Group

CAMI : Cadastre minier

CAS3 : Communities and Small-Scall Mining

CdC : Cadre de Concertation

CEDAF : Centre d'Études et de Documentation Africaines

CEEAC : Communauté Économique des États d`Afrique Centrale

CEEC : Centre d'Expertise, d'Évaluation et de Certification

CEPAS : Centre d'Études pour l'Action Sociale

CEPGL : Communauté Économique des Pays des Grands Lacs

CHDC : Congo Holding Development Company

CIRAD : Centre de Coopération Internationale en Recherche Agronomique pour le Développement

CIRDI : Centre International pour le Règlement des Différends relatifs aux Investissements

CIRGL : Conférence Internationale sur la Région des Grands Lacs

CNDP : Congrès National pour la Défense du Peuple

COCABI : Coopérative des Creuseurs Artisanaux

	de Bisie
COFED :	Cellule d'Appui à l'Ordonnateur National du Fonds Européen de Développement
COMESA :	Common Market for Eastern and Southern Africa
COMIMPA :	Coopérative Minière Mpama Bisie
CPI :	Cour Pénale Internationale
DDR :	Désarmement, Démobilisation, Réinsertion
DFID :	Department for International Development
DGM :	Direction Générale des Migrations
EAU :	Émirats Arabes Unis
FAPC :	Forces Armées du Peuple Congolais
FAR :	Forces Armées Rwandaises
FARDC :	Forces Armées de la République Démocratique du Congo
FDLR :	Forces Démocratiques de Libération du Rwanda
FEC :	Fédération des Entreprises Congolaises
FNI :	Front des Nationalistes et Intégrationnistes
FRPI :	Force de Résistance Patriotique en Ituri
GMB :	Groupe Minier Bangandula
GRAMA :	Groupe de Recherche sur les Activités Minières en Afrique
HRW :	Human Rights Watch
ICCN :	Institut Congolais pour la Conservation de la Nature
INICA :	Initiative pour l'Afrique Centrale
IPIS :	International Peace Information Service
ITIE :	Initiative pour la Transparence dans les Industries Extractives
KIMIN :	Kilo-Moto Mining International

KMC : Krall Metal Congo
LDK : Laurent-Désiré Kabila
LRA : Lord Resistance Army
MDDZ : Mines d'or du Zaïre
MLC : Mouvement pour la Libération du Congo
MGL : Minière des Grands Lacs
MONUC : Mission de l'Organisation des Nations Unies au Congo
MPA : Metal Processing Association
MPC : Mining and Processing Congo
MPR : Mouvement Populaire de la Révolution
NMC : Niobium Mining Company
OCC : Office Congolais de Contrôle
OCDE : Organisation pour la Coopération et le Développement Economique
OCHA : Bureau de Coordination des Affaires Humanitaires
OFIDA : Office des Douanes et Accises
OKIMO : Office des Mines d'Or de Kilo Moto
ONG : Organisation non gouvernementale
ONU : Organisation des Nations Unies
PARECO : Alliance des Patriotes pour la Refondation du Congo
PNC : Police Nationale Congolaise
PNKB : Parc National de Kahuzi Biega
PUSIC : Parti pour l'Unité et la Sauvegarde de l'Intégrité du Congo
RAID : Rights and Accountability in Development
RDC : République Démocratique du Congo
RCD : Rassemblement Congolais pour la Démocratie
RCD-ML : Rassemblement Congolais pour la Démocratie

Mouvement de Libération

RMA : Ressources Minérales Africaines

SAESSCAM : Service d'Assistance et d'Encadrement de l'Artisanat Minier

SAKIMA : Société Aurifère du Kivu-Maniema

SARW : Southern Africa Resource Watch

SIPRI : Stockholm International Peace Research Institute

SOKIMO : Société des Mines d'Or de Kilo Moto

SOMICO : Société des Mines du Congo

SOMIGL : Société Minière des Grands Lacs

SOMINKI : Société Minière du Kivu

SWOT : Strenghts, Weaknesses, Opportunities, Threats

UCI : Uganda Commercial Impex

UPC : Union des Patriotes Congolais

UPDF : Uganda People's Defence Force

USAID : US Agency for International Development

WCS : Wildlife

Préface

Ce modeste opuscule est l'œuvre d'une authentique fille d'Afrique, dans les veines de laquelle coule le fier sang des Dogons et des Fang Bétis. Elle a le caractère rétif et altier de ceux de Tombouctou, de Bamba du Bandiagara, de Gao au Mali et d'Akombikoe au Cameroun.

Cela explique cet essai précoce, marqué par l'appel du grand large et de la continentalité fondamentale de notre mère l'Afrique.

Alors, bravo pour le courage de ce regard hardi jeté du haut des miasmes du turbulent volcan somalien où elle s'est dangereusement aventurée ces derniers temps.

La chère et filiale intéressée tente une analyse appuyée et furtive sur le drame de la patrie de l'éternel héros africain que demeure Patrice Émery Lumumba de regrettée mémoire. Patrie durablement plombée dans son grand envol par la grande malédiction des ressources naturelles.

Elle éclaire la dramatique et historique trame de tous les Congo, celui scandaleux de Léopold II, celui héroïque de Patrice Lumumba et celui trompeur des deux Kabila.

Elle décortique les ressources naturelles comme vecteurs des conflits et de leur perpétuation. Elle dévoile le rôle du coltan, du diamant, de l'or, du cuivre et du cobalt comme catalyseur des enjeux régionaux ethniques et des appétits de l'impérialisme global toujours triomphant.

Elle essaie de décoder les vaines tentatives de résolution régionale ou nationale de ces conflits.

À la lecture, le patriote africain semble désemparé : le drame du Congo est peut-être que le Congo est le Congo. Un Congo très riche pour les autres et scandaleusement pauvre pour les Congolais.

L'espoir peut-être pour la patrie d'Émery Patrice Lumumba sera le jour où l'aube nouvelle pointera à l'horizon, où le Congo sera le Congo des Congolais, le cœur d'une Afrique libre indépendante et unie, le pont entre l'Afrique centrale, l'Afrique australe et l'Afrique orientale.

Ce jour-là, Lumumba ressuscitera triomphalement et le Congo sera notre Congo, un Congo de paix et d'unité, un Congo sans conflits, un Congo de l'Afrique.

L'auteur ne le dit pas. Faisons ce pari pour l'avenir pour elle, pour nous et pour tous les Congolais.

Pr. Joseph OWONA
Professeur émérite et Chancelier Honoraire
à l'Université Yaoundé II, SOA

Introduction

La République démocratique du Congo est le deuxième plus vaste pays d'Afrique avec ses 2,3 millions de km² et 66 millions d'habitants. Cet État occupe une place importante et stratégique dans la région centrale du continent africain et bénéficie du drainage de l'un des fleuves les plus longs au monde : le Congo. Au nord, le territoire de la RDC est l'un des plus grands domaines forestiers. L'est est bordé par la région des Grands Lacs africains. Le centre et le sud forment un haut plateau de savanes arborées. Le tout renferme en son sous-sol des ressources naturelles importantes : fer, or, cuivre.

Cette présentation sommaire de la RDC, si elle nous donne peu d'indications s'agissant des conflits armés qui ont eu lieu sur le territoire de cet État, a cependant le mérite de nous interpeller sur tout ce qui fait la richesse de ce pays. Se trouve également ici rassemblé l'ensemble des données qui expliquent notamment les causes de ces conflits.

Guerre civile iraquienne, attentats en Afghanistan, répression sanglante en Birmanie, printemps arabes, génocide au Darfour... Sur l'ensemble des continents, de multiples conflits armés dont l'enjeu est l'exploitation des ressources naturelles ont sévi et continuent de sévir à ce jour. Si l'analyse des conflits armés intéresse tout particulièrement les polémologues, ils ne sont pas les seuls à souhaiter les expliquer. Les économistes, les anthropologues, les politistes et enfin les juristes, tous tentent de comprendre les raisons et mécanismes qui ont contribué à cet état de guerre sur ces territoires. La tâche du juriste est ici particulièrement ardue, dans la mesure où il doit composer avec les multiples domaines et disciplines pour exposer son analyse des conflits armés.

Une première approche sémantique est alors nécessaire. Qu'entend-on tout d'abord par conflits armés ?

L'expression « conflits armés » désigne le « recours à la force armée entre États ou, au sein d'un État, soit entre les forces gouvernementales et un ou des groupes organisés, soit entre des groupes armés échappant au contrôle du gouvernement »[1]. Classiquement, sont également différenciés les conflits infranationaux, des conflits internationaux et de ceux régionaux d'une part, et d'autre part les guerres civiles, les insurrections, les conflits intra-armés et le terrorisme[2]. Cette approche élargie des conflits mérite d'être adoptée puisqu'elle trouve ses illustrations les plus évidentes sur le continent africain. Un tiers des pays de la Communauté Économique des États d'Afrique Centrale[3] vit une situation de conflit, en particulier les deux Congo, le Rwanda, ou encore la Centrafrique. Le nombre de guerres, en cours ou risquant à tout moment d'éclater y demeure très élevé. Et ce, en dépit de l'optimisme affiché de certaines organisations dans leurs divers comptes rendus[4].

Malgré une diminution du nombre des conflits armés depuis le début des années 1990, 40 % des 27 conflits les

---

[1] P. DAILLIER, M. FORTEAU, A. PELLET, *Droit international public* (Nguyen Quoc Dinh), L.G.D.J., Paris, 8e éd., 2009, p.1231.

[2] P. HUGON, « L'économie des conflits en Afrique », *Revue internationale et stratégique*, 2001/3 n°43, pp. 152-169. Et P. HUGON, « Le rôle des ressources naturelles dans les conflits armés africains », *Hérodote*, 2009/3 n° 134, pp. 63-79.

[3] États membres : Angola, Burundi, Cameroun, Congo, Gabon, Guinée équatoriale, RCA, RDC, Sao-Tomé-Et-Principe, Tchad. Le Rwanda s'est retiré en juin 2000.

[4] Notamment le rapport commis par *Human Security Centre*, 2005. Site : www.hsrgroup.org/human-security reports/2005/text.
Cf. notamment : www.un.org/fr/africarenewal/vol20no4/204-conflits-et-ressources.html

plus violents du monde touchent des pays africains[5]. Bien plus, celui concernant spécifiquement les pays en développement et dotés de ressources naturelles est édifiant[6]. Plus d'un tiers des pays du sud sont ainsi affectés[7]. En conséquence, des liens étroits se dessinent entre les lieux des conflits armés d'un côté, et les ressources naturelles qui sont découvertes en leurs sous-sols de l'autre. On parle même d'une véritable « écologie politique de la guerre »[8] ; une modalité d'analyse des causes de conflits liés aux questions environnementales et aux ressources naturelles. En général, les ressources naturelles peuvent être reliées aux conflits armés en Afrique de trois façons :

(1) cas dans lesquels les ressources naturelles constituent une cause directe ou indirecte des conflits

(2) situations dans lesquelles les ressources naturelles alimentent ou perpétuent les conflits

---

[5] Il y a eu environ 28 guerres en Afrique au sud du Sahara depuis 1980. Il en découle qu'un grand nombre de régions du continent africain en général, et de la République démocratique du Congo (RDC) en particulier, ont été soumises à une violence extrême, à la dégradation de leur environnement et à l'effondrement pour ainsi dire de leurs économies officielles à cause des conflits récurrents. Voir également I.G. SIMMONS, *The Ecology of Natural Resources*, London, Edward Arnold, 1974, p. 3.

[6] Pour 138 pays entre 1960 et 1995, l'abondance en ressources naturelles est un des facteurs essentiels de déclenchement ou perpétuation des guerres.

[7] En 2009, il apparaît que l'Afrique représente près d'un tiers des conflits infranationaux mondiaux. Même s'ils tendent plutôt à se réduire et à se déplacer de l'Afrique de l'Ouest vers l'Est.

[8] L'écologie politique est un ensemble de courants, largement diffusés depuis les années 1970, qui insistent sur la prise en compte des enjeux écologiques dans l'action politique et dans l'organisation sociale.

(3) expérience où les ressources naturelles sont prises en compte dans les tentatives de règlement des conflits.

Étrangement, il est rarement établi que lesdites ressources sont un facteur unique de conflictualité, même si certaines analyses économétriques et quantitatives ont suggéré le contraire. Très souvent, les ressources naturelles s'insèrent dans un ensemble de considérations attribuant les conflits à d'autres causes.

Mais qu'entend-on par ressources naturelles ? Qu'elles soient agricoles, hydrauliques ou minérales, ces ressources ont une importance telle qu'elles en deviennent capitales dans chaque économie nationale et dans le système économique international contemporain. Prise en son sens le plus large, la notion de ressources naturelles vise non seulement des catégories diverses de matières, mais encore un ensemble composite de biens, objets, substances. Ainsi, définir avec précision ce que sont les ressources naturelles est ardu. Si toutefois le juriste tente de s'y intéresser, il sera immédiatement frappé par la variété des ressources, principes et opinions relatifs à ce sujet. De cette diversité naît l'absence d'unanimité quant à l'élaboration d'une définition précise des ressources naturelles. Quelquefois, ce terme renvoie aux seules richesses minières, parfois aux richesses géologiques tout entières[9]. Il faut, dans tous les

---

[9] On dénombre ainsi plusieurs types de richesses ou ressources naturelles : les ressources agricoles qui dépendent de la surface des terres cultivables (soit le quart de la surface des terres émergées sur la terre, dont la moitié seulement est cultivée), les ressources en eau douce qui sont renouvelables, 4 % du stock disponible étant consommé chaque année. Toutefois, l'eau douce est très inégalement répartie et la population s'accroît. *A priori*, aucun problème grave ne se posera pour l'ensemble de la planète d'ici 2015. Les ressources en énergie et minerais sont limitées : pétrole, cuivre… Les ressources

cas, faire une distinction entre ressources naturelles et matières premières.
Si les ressources naturelles, dans un sens strict, désignent le plus souvent en pratique le produit à l'état brut, c'est-à-dire le produit tel qu'il a été extrait sans qu'il ait subi une transformation quelconque (il est alors impropre à la consommation), les matières premières désignent, quant à elles, un produit directement commercialisable, utilisable dans l'industrie pour une consommation finale. Les matières premières sont donc issues des ressources naturelles. Et, parmi les ressources naturelles, on distingue deux grandes catégories : les ressources naturelles dites « renouvelables » et celles dites « non renouvelables »[10].

Du fait notamment de l'éclatement des continents, la géographie mondiale a malheureusement permis de constater que les ressources naturelles mondiales étaient inégalement réparties sur la surface du globe et que certaines pouvaient se renouveler contrairement à d'autres. Sont ainsi distinguées les ressources non renouvelables, constituées des ressources hydrauliques, agricoles ou encore forestières, les ressources épuisables sont constituées, elles, des hydrocarbures tels que le pétrole et le gaz, ainsi que des minéraux solides comme l'or, le diamant ou le cuivre. Si ces ressources peuvent être qualifiées de véritables réserves sur certains continents, sur d'autres où elles s'amenuisent, elles n'en sont plus. D'ailleurs, l'expression « ressources naturelles » porte ainsi en elle son propre malheur. Si un élément « naturel »

---

halieutiques sont très variées, difficiles à dénombrer (sel, iode, pétrole) et difficilement exploitables au-delà d'une certaine profondeur.

[10] C. VANDERMOTTEN, et J. VANDEBURIE, *Territorialités et Politique*. Bruxelles, Éditions de l'Université de Bruxelles, 2005, 395 p.

ne devient une ressource que s'il est reconnu – ce qui implique un investissement – pour autant, le jour où il est qualifié ainsi, il devient vite objet de convoitise, et toutes les réserves en sont consommées progressivement.

D'un point de vue strictement juridique[11], s'agissant du droit africain des ressources naturelles, afin d'obtenir une définition précise de ce terme, on peut se référer à la Convention africaine pour les ressources naturelles adoptée le 15 septembre 1968 à Alger, ayant enregistré 40 signatures et le dépôt de 30 instruments de ratification[12]. Le 11 juillet 2003 marque celle de sa renaissance (révision), sous l'égide d'une UA à peine restructurée et ambitionnant de mieux réussir que sa devancière[13].

---

[11] En droit international, la définition proposée par Jean Salmon, dans son « *Dictionnaire de Droit International public* », établit un distinguo entre ressources biologiques, génétiques, ressources minérales de la mer, ressources naturelles, ressources naturelles épuisables, ressources naturelles de la mer et ressources propres. D'après le jurisconsulte, les ressources naturelles sont les « ressources à l'état brut tirées de la nature : agricoles, minérales, minières. *In* J. SALMON, *Dictionnaire de droit international public*, Bruylant, Bruxelles, 2001, p. 1003.

[12] La Convention a été signée au cours de la cinquième session de la Conférence de l'OUA, qui a eu lieu à Alger du 13 au 16 septembre 1968 (Document OUA-CAB/LEG/241/37), cité par A. Konaté, *Organisation de l'Unité Africaine et la protection juridique de l'environnement*, Thèse de doctorat en droit, Université de Limoges, Faculté de droit et des sciences économiques, 1998, p. 82.

[13] « Décision sur la révision de la Convention Africaine de 1968 (Convention d'Alger) sur la conservation de la nature et des ressources naturelles », adoptée par la Conférence de l'UA lors de sa deuxième session tenue à Maputo les 10, 11 et 12 juillet 2003 (Assembly/AU/Dec.6-30 (II). Voir également, M.A. MEKOURA, « Le texte révisé de la Convention africaine sur la conservation de la nature et des ressources naturelles : petite histoire d'une grande rénovation », Etudes juridiques de la FAO en ligne, Avril 2006, Site : http://www.fao.org/fileadmin/user_upload/legal/docs/lpo54f.pdf.

L'article V de la version révisée est intitulé « emploi des termes ». Il définit les ressources naturelles, en différenciant « les ressources naturelles renouvelables, tangibles et non tangibles, notamment les sols, les eaux, la flore et la faune », des « ressources non renouvelables, c'est-à-dire les minéraux et les combustibles fossiles »[14]. Chacune de ces ressources ayant été précisée, leur ont été attribuées des règles spécifiques, un régime juridique applicable. Malgré certaines différences de régime, il existe certaines règles qui sont communes à toutes les ressources, qu'elles soient ou non renouvelables. C'est le cas notamment des règles sur la propriété de ces ressources.

Dans le cadre de cette étude, il convient d'exclure du champ de recherche certaines ressources naturelles, soit parce qu'elles ne sont plus exploitées, soit parce que leur exploitation n'est que de faible importance et n'a pas d'incidence directe sur les conflits armés. Cette analyse se concentrera donc principalement sur les ressources naturelles dites « non renouvelables », telles que le coltan, le diamant, l'or, le cuivre et le cobalt.

Le rapport entre les ressources naturelles et les conflits armés a soulevé un ensemble de questions, élucidées pour la plupart sur le plan théorique. Des questions telles que : comment peut-on concilier l'abondance en ressources naturelles de certains continents comme l'Afrique, avec sa pauvreté ? Pourquoi la violence associée aux ressources naturelles dans certaines régions du monde, devient de plus en plus vicieuse et dévastatrice ? Quels sont les principes autochtones de résolution de tels conflits ?

[14] Convention Africaine sur la conservation de la nature et des ressources naturelles, Alger, 15 septembre, 1968, art. III, R.T.N.U., vol. 1001, p. 3.

Pourquoi certaines ressources naturelles ont été associées à des conflits dans certains pays et pas dans d'autres ? Dans quelle mesure peut-on considérer ces conflits comme faisant partie de la dynamique inéluctable de reconfiguration économique et sociopolitique des États-nations ? Quelle est la dichotomie entre les revendications locales et l'intérêt national dans la politique de contrôle de ces ressources ? Les questions semblent sans fin, et la nécessité de réponses continue à défier les universitaires et les praticiens. Ce livre est une tentative d'apporter des réponses à certaines des questions identifiées ci-dessus. Le mot « contribuer » est employé délibérément, d'une part parce qu'il ne peut y avoir de réponses ultimes à la plupart de ces questions ; et d'autre part, parce que la contribution de nombreuses publications existantes ne peut être ignorée. Les réflexions les plus notoires sont issues de la science économique, à l'instar de celle de Paul Collier pour le compte de la Banque mondiale[15]. Ainsi, en 2004, Collier et Hoeffler ont étudié plus de cinquante-deux guerres civiles entre 1960 et 1999[16], dans le but d'analyser leurs causes et notamment leurs causes communes. Certes, la perspective d'étude était principalement économétrique. Le dénominateur commun de ces travaux est l'attention portée aux ressources d'importance vitale pour les marchés internationaux, notamment le diamant, le pétrole, etc. Pour autant, ces travaux présentent un intérêt non négligeable pour la compréhension de ces conflits. Les deux chercheurs ont ainsi pu montrer que la dépendance économique envers les ressources naturelles amplifiait largement les risques de guerres civiles pendant les cinq années qui suivent l'augmentation de cette dépendance.

---

[15] P. COLLIER, A. HOEFFLER, « On Economic Causes of Civil Wars », *Oxford Economic Papers*, vol. 50, 2000, pp. 563-573.
[16] P. COLLIER, A. HOEFFLER, « On The Incidence of Civil War in Africa », *Journal of Conflict Resolution*, vol. 46 (1), 2002, pp. 13-28.

De manière plus ciblée, Fearon et Laitin démontrèrent eux que le risque de guerre civile dans un pays exportateur de pétrole est de 19,1% contre 9,2% pour un pays non doté en ressources pétrolières[17]. Reynal-Querol analysa quant à lui, le lien entre l'abondance de ressources naturelles et l'occurrence de conflits civils interethniques dont il put déduire que l'abondance en ressources naturelles est un facteur essentiel de conflictualité[18]. Enfin, l'étude de Doyle et Sambanis démontra que les guerres civiles étaient d'une durée largement plus longue pour les pays dotés en ressources naturelles[19].

Quatre types de conflits armés ont ainsi pu être identifiés : les conflits liés à l'exploitation de certains minerais, ceux en rapport avec les ressources forestières ou liés aux espaces à forte densité géographique, et enfin ceux impliquant le pétrole. Par contraste, le sort des conflits intercommunautaires en rapport avec des ressources naturelles comme la terre et l'eau, n'a guère retenu l'attention des chercheurs.

Tout d'abord, s'agissant des conflits liés à l'exploitation de certains minerais comme le cuivre, l'or, le coltan[20],

---

[17] D. FEARONJ, D. LAITIN D., « Ethnicity Insurgence and Civil War », *American Political Science review*, vol. 97 (1), 2003, pp. 75-90.

[18] Pour réaliser son analyse, il étudia un échantillon de 138 pays sur la période qui courait de 1960 à 1995. M. REYNAL-QUE, « Ethnicity, Political Systems and Civil War », *Journal of Conflict Resolution*, vol. 46, n° 1, 2002, pp. 29-54.

[19] M. DOYLE, N. SAMBANI, « International Peace Building: a Theoretical and Quantitative Analysis », *American Political Science Review,* vol. 94 (4), 2000, pp. 779-802.

[20] Le coltan dont on dit qu'il aurait « *la couleur du bitume, l'odeur de l'argent et le goût du sang* » est encore appelé colombite-tantale ou colombite-tantalite ; c'est un minerai noir ou brun-rouge contenant deux minéraux associés, la colombite (Fe, Mn) (Nb, Ta) $_2O_6$ et la tantalite (Fe, Mn) (Ta, Nb) $_2O_6$. La colombite (ou columbite) et la tantalite sont les principaux minerais de niobium (d'abord appelé colombium) et de tantale, et contiennent des proportions variables de

l'uranium, le diamant ou encore l'or, on en trouve l'exemple au travers des guerres étant apparues dans des États comme l'Angola, le Liberia, la Côte d'Ivoire et la République démocratique du Congo (RDC). L'expérience du conflit en Sierra Leone est encore plus instructive. Charles Taylor, Président du Liberia de 1997 à 2003 a été condamné le 30 mai 2012 à 50 ans de prison pour crimes contre l'humanité et crimes de guerre en Sierra Leone (et reconnu coupable des onze chefs d'accusation de crimes contre l'humanité et crimes de guerre dont il devait répondre : viol, meurtre et pillage notamment, commis entre 1996 et 2002 en Sierra Leone[21]). Pourtant, l'implication de De Beers, Tiffany, Cartier, Harry Winston, grands importateurs de diamant et autres matières précieuses, n'est pas à négliger[22]. À titre d'illustration, on peut également signaler certains bassins de la Guinée Conakry, qui possède des richesses minérales considérables[23] , actuellement exploitées par la compagnie

---

niobium et de tantale. La colombite a été découverte en Nouvelle-Angleterre (États-Unis). Le coltan se trouve en quantités commerciales en Afrique centrale, notamment en République démocratique du Congo dont la région du Kivu détient entre 60 et 80 % des réserves mondiales, ainsi qu'en Australie, au Brésil, au Canada et en Chine.

[21] Charles Ghankay Taylor, appelé le plus souvent Charles Taylor (né le 28 janvier 1948 à Arthington, Liberia) est un ancien président de la République du Liberia. Le 26 avril 2012, le Tribunal spécial pour la Sierra Leone le reconnaît coupable de crimes contre l'humanité et de crimes de guerre. Il devient le premier ex-chef d'État à être condamné pour crimes contre l'humanité et crime de guerre depuis le procès de Nuremberg.

[22] On ne doute pas que ces multinationales n'aient jamais eu le souci de savoir comment un pays comme le Liberia a pu produire 2,2 milliards de diamants en seulement cinq ans. Sur ce point, v. A. AKNIN, C. SERFATI « Guerres pour les ressources, rente et mondialisation », *Mondes en développement* 2008/3 (n° 143), p. 34.

[23] Cet État possède un tiers des réserves mondiales de bauxite dans la région de Nimba et Simandou, constituant 90 % des exportations, soit

Ashanti Goldfield[24] et où de vives tensions entre la Guinée et le Mali font rage.

S'agissant des conflits en rapport avec les ressources forestières, bien qu'ils soient moins connus, ils existent cependant. Ainsi, au Liberia, le bois a servi de monnaie d'échange entre combattants, tout comme le cacao a été l'objet de toutes les convoitises en Côte d'Ivoire.
Concernant les conflits liés aux espaces à forte densité démographique, en voie de stress hydrique et de désertification, ils ont notamment touché le Sahel, la Corne de l'Afrique ou encore une partie de l'Afrique australe. Certes la question a été peu étudiée, pourtant certains facteurs d'aggravation de ces conflits fonciers ont pu être mis en relief. Au Sénégal, invoquant la construction du barrage de Manantali[25], l'armée mauritanienne a exproprié les riverains, les privant des décrues naturelles du cours d'eau[26]. Cette situation n'est pas sans rappeler le conflit non encore résolu entre Israël et la Jordanie, à propos des eaux du Jourdain[27].
Le quatrième type de conflit armé est celui des plus connus : il s'agit des conflits liés au pétrole. Les enjeux économiques et stratégiques liés au pétrole seraient ainsi la

---

les 2/3 du revenu national de la Guinée ; de l'uranium, du diamant à Kérouané, Bayla et de l'or.

[24] On retrouve cette compagnie en RDC et dans le rapport sus-évoqué de *Human Rights Watch* du 2 juin 2005.

[25] Barrage situé sur le fleuve Sénégal en Afrique de l'Ouest.

[26] Droit des populations riveraines d'étendues d'eau d'utiliser de manière saine, sans intention de nuire les fleuves et cours d'eau.

[27] Un traité de paix fut signé en 1994 entre Israël et la Jordanie sur une coopération multilatérale conditionnée par la question de la répartition des eaux du Jourdain. Face à une croissance démographique de 3 % dans le triangle Israël, Jordanie, territoires palestiniens et à une pluviométrie insuffisante, Israël en 1998 a envisagé de réduire de 50 % le quota distribué à la Jordanie en vertu des accords de 1994, d'où des tensions…

source de nombreux conflits interétatiques. Par exemple, l'Angola, ayant ravi au Nigeria son titre de premier producteur africain de pétrole en 2008[28], a été touché par une guerre civile de 1975 à 1992, dont le principal enjeu était le contrôle des zones riches en pétrole et en diamants. D'autres régions d'Afrique ont été également affectées par la problématique de l'or noir. Il s'agit notamment de la Casamance, du Congo, de la République Centrafricaine, de l'Ogaden, du Sud-Soudan, du Tchad et du Delta du Niger au Nigeria. Le rapport entre le pétrole, communément appelé la « *merde du diable* »[29], et les conflits existants et constatés à plusieurs reprises au Nigeria explique la situation critique de ce pays. Des éléments historiques comme la Guerre du Biafra, qui dura de juillet 1967 à janvier 1970, permettent de comprendre cette dégradation. Le Nigeria fut confronté à des velléités sécessionnistes des riches provinces pétrolières. Le Mouvement pour l'émancipation du Delta du Niger (appelé *Mend)* réclame désormais une meilleure distribution de la rente pétrolière. Par ailleurs, un autre conflit lié aux ressources naturelles impliquant le Nigeria peut être signalé. Celui-ci a longtemps opposé le géant nigérian à l'État voisin, le Cameroun, au sujet de la presqu'île de Bakassi, riche en ressources pétrolières et halieutiques[30]. Ainsi, à l'arrière-plan de la procédure

---

[28] Au printemps 2008, l'Angola a ravi au Nigeria son titre de premier producteur de brut africain, selon des chiffres donnés par l'Organisation des pays producteurs de pétrole (OPEP) : l'Angola a pompé 1,87 million de barils par jour (mbj), contre 1,81 mbj produits au Nigeria au mois d'avril. Voir le site : http://www.ledevoir.com/economie/actualites-economiques/196701/l-angola-nouvelle-puissance-petroliere-africaine-et-chouchou-du-marche

[29] Par les Nigérians, « *an evil Shit* ».

[30] R. DE KONING et J. MBAGA, « Conflits pour les ressources naturelles de la péninsule de Bakassi : du global au local », *Revue*

judiciaire devant la Cour Internationale de Justice se trouvent des convoitises sur les ressources *offshore* ou halieutiques du Golfe de Guinée[31]. La Cour basée à la Haye a rendu un arrêt le 10 octobre 2002[32]. Il convient de noter que si la question des concessions pétrolières avait été soulevée devant la Cour, au paragraphe 282 puis au paragraphe 304 *in fine* de l'arrêt, c'est uniquement aux fins de détermination de leur importance et de leur pertinence en matière de délimitation des espaces maritimes des deux États. [33] La Cour, en l'espèce, consacre la souveraineté du Cameroun sur la presqu'île de Bakassi, tout en se référant aux concessions pétrolières déjà accordées au Nigeria ; l'arrêt au fond considérant que « *si l'existence d'un accord exprès ou tacite entre les parties sur l'emplacement de leurs concessions pétrolières respectives peut indiquer un consensus sur les espaces maritimes auxquels elles ont droit, les concessions pétrolières et les puits de pétrole ne sauraient en eux-mêmes être considérés comme des circonstances pertinentes justifiant le déplacement de la ligne provisoire* ». En d'autres termes, la Cour estime que la pratique pétrolière des Parties ne constitue pas un facteur à prendre en compte aux fins de la délimitation maritime en

---

d'économie du développement, 2004/3-4 (Vol. 18) pp. 141-148. Voir également, P.E MBPILLE, *La frontière terrestre entre le Cameroun et le Nigeria d'après la Cour internationale de justice*, (CIJ, Arrêt du 10 octobre 2002), *Mémoire de DEA en Droit public*, Université de Douala, 2005, 124p. Cf. aussi le Mémoire sur le site : www.memoireonline.fr,(http://www.memoireonline.com/12/09/2912/m_La-frontiere-terrestre-entre-le-cameroun-et-le-nigeria-dapres-la-cour-internationale-de-justice0.html#toc0).

[31] C. AWOUMOU, « Le Golfe de Guinée face aux convoitises », Rapport 11e Assemblée Générale du CODESRIOA, Yaoundé, sept 2005. Voir http://www.codesria.org/IMG/pdf/awoumou.pdf

[32] Arrêt de la CIJ du 10 octobre 2002 relatif à la *Frontière terrestre et maritime entre le Cameroun et le Nigeria*, Recueil CIJ 2002.

[33] C. AWOUMOU, *Ibid.*

l'espèce. Ce faisant, le juge international ne cache pas sa préoccupation face au phénomène de la « *compétition mondiale dans les ressources en hydrocarbures* off shore, *telle que celle du Golfe de Guinée* »[34]. Malgré l'injonction judiciaire visant à la rétrocession à la partie camerounaise de la presqu'île de Bakassi, seul l'Accord postjuridictionnel de Greentree du 12 juin 2006 a été décisif en ce qui concerne l'évacuation du territoire litigieux par les Nigérians.

Il ressort de ces observations que l'abondance des ressources, qu'elles soient forestières ou minières, est fréquemment associée, en Afrique, à de forts risques de conflits violents et étendus et ce en dépit du fait que ce ne soit pourtant pas la seule région du monde concernée[35]. Par conséquent, la pensée conventionnelle considère que le schéma de la guerre sur le sol africain est nécessairement alimenté par l'exploitation des ressources naturelles et donc strictement lié et circonscrit aux territoires où il existe des ressources à fort rendement. C'est ainsi que s'est progressivement affermie une idéologie négative, celle de la malédiction des ressources naturelles, notamment en raison du lien inextricable entre lesdites ressources et les effets nuisibles de leur exploitation.

---

[34] G. LABRECQUE, *Les frontières maritimes internationales, géopolitiques de la délimitation maritime*, Paris, L'Harmattan, collection Raoul-Dandurand, Géopolitique, 2004, p. 33.

[35] Au Cambodge, les Khmers rouges se sont servis du bois et des pierres précieuses pour financer l'effort de guerre. En Irak, le pétrole a financé l'achat d'armement déployé lors du conflit avec le Koweït. V. P. COLLIER, « Iraq: A Perspective from the Economic Analysis of Civil War », *Turkish Political Quarterly*, vol. 4, n°2, 2005. Voir le site:
users.ox.ac.uk/~econpco/research/pdfs/Iraqcivilwarperspective.pdf.

Malgré cela, sans chercher à réifier la pensée orthodoxe en matière de conflits liés aux ressources naturelles envisagés comme le résultat clairement déterminable et prévisible des motifs linéaires de cause à effet, l'on doit considérer les conflits armés en Afrique comme la résultante d'une conjonction de facteurs prédisposant, dont les ressources naturelles sont certes des éléments centraux, mais pas exclusifs. Au final, ce n'est pas tant la rareté ou l'abondance qui sont des causes *per se* des conflits liés aux ressources naturelles, c'est plutôt la gestion de ces ressources. Cela suppose qu'à terme, la détention de ressources naturelles n'est ni « une malédiction » pour ceux qui en ont, ni une bénédiction pour les pays qui n'en sont pas pourvus. L'impact des ressources naturelles sur la violence dépend surtout des lois et pratiques mettant en œuvre l'exploitation de ces ressources. Le déficit chronique de structures administratives crédibles pour administrer les ressources naturelles de la plupart des États africains et le régime juridique souvent contradictoire ou en discordance avec les autres structures politiques ou sociales, font des ressources naturelles des facteurs incontestables de violence politique.

Cet ouvrage a ainsi pour but d'apporter, au travers de l'exemple de la République démocratique du Congo (RDC), la réponse aux questions évoquées précédemment. Il démontre que les ressources naturelles sont inextricablement liées à la défectuosité complète ou à l'efficacité réduite de l'appareil étatique congolais.

La RDC est plus que riche de son sous-sol. On y trouve or et minerais composites en tous genres du groupe de l'étain (cassitérite, coltan, niobium, wolfram) qui y ont été exploités depuis le début du XXe siècle par les compagnies nationales minières de l'est congolais (OKIMO, SOMINKI). Cependant, dans les années 1990, ces sociétés ont décliné, cédant la place à une exploitation artisanale informelle, dont le caractère illégal a été accentué par les conflits touchant la RDC, notamment au Nord, au Sud-Kivu et dans l'Ituri jusqu'en 2003. Ce contexte a été propice à la formation de milices qui ont su tirer du contrôle de l'économie minière les moyens financiers nécessaires à leur survie économique et à l'achat d'armes. L'ex-Zaïre n'était pourtant pas un exemple unique du double statut de détenteur de ressources naturelles et de théâtre de conflits armés puisqu'en Afrique, presque tous les « conflits de pouvoir » sont rattachés aux revendications socioéconomiques et politiques liées à l'accès aux richesses naturelles. Toutefois, l'ancien Zaïre, rebaptisé République démocratique du Congo (RDC)[36], illustre la « malédiction des ressources » qui afflige de nombreux pays riches en matières premières dont l'immense majorité de la population ne bénéficie pas pour son développement. La littérature sur le sujet, abondante et trop souvent redondante, n'a d'ailleurs cessé de le mettre en exergue[37]. Trop souvent, la dimension économique et surtout socioéconomique n'a été que peu étudiée, mais heureusement des auteurs attentifs ont pu l'illustrer dans certains de leurs articles. Ainsi, jusqu'au déclenchement de la « Deuxième Guerre du Congo » de 1998[38], les études des conflits dans la région des Grands Lacs, ont été réalisées au prisme du génocide rwandais et des bouleversements régionaux consécutifs au changement de pouvoir au Rwanda. Dans son ouvrage intitulé « *La guerre des Grands Lacs* », paru en 1999, Filip Reyntjens effleure

---

[36] En 1997.

[37] Voir les références qui suivent dans le *corpus* du texte.

[38] La deuxième guerre du Congo est un conflit armé qui eut lieu au sein du territoire de la République démocratique du Congo (RDC, anciennement Zaïre) ; elle débuta en 1998 et se termina « officiellement » le 30 juin 2003.

à peine la dimension économique de la conflictualité congolaise[39]. Le livre publié la même année, sous la direction de Paul Mathieu et Jean-Claude Willame, « *Conflits et guerres au Kivu et dans la région des Grands Lacs* » se cantonne aux conflits fonciers au Kivu, de même qu'à la dimension régionale de la guerre. Une seule page cependant évoque les « intérêts économiques du conflit »[40]. Les journaux belges Le Soir et La Libre Belgique ont fréquemment dénoncé le « pillage du Congo »[41] par les soldats rwandais et ougandais. En 1999, dans « *L'enjeu congolais* » de Colette Braeckman, sont décrites la « guerre des butins » et l'évolution du Congo après 1996 vers « *un nouvel épisode du hold-up sur le Congo qui dure depuis un siècle* »[42]. L'auteur s'étend malheureusement peu sur l'aspect socioéconomique du conflit. En revanche, dans « *Les nouveaux prédateurs* » paru en 2003, elle évoque plus amplement encore ce « *hold-up* »[43]. En 2004, Roland Pourtier réalise une étude ciblée sur les implications régionales de l'artisanat minier au Kivu[44]. Des chercheurs locaux, en RDC, ont également étudié le rapport entre conflits et ressources naturelles. À Bukavu, Didier De Failly, du BEST (Bureau d'Etudes

---

[39] F. REYNTJENS, *La guerre des Grands Lacs. Alliances mouvantes et conflits extraterritoriaux en Afrique centrale*, Paris, L'Harmattan, 1999, 255 p.

[40] P. MATHIEU et J.-C. WILLAME, « Conflits et guerres au Kivu et dans la région des Grands Lacs. Entre tensions locales et escalade régionale », *Cahiers africains n° 39–40*, Tervuren, Institut Africain-CEDAF, L'Harmattan, Paris, 1999, 216 p.

[41] *Le Soir*, 23 décembre 1998.

[42] C. BRAECKMAN, *L'enjeu congolais : l'Afrique centrale après Mobutu*, Fayard Paris, 1999, p. 213.

[43] C. BRAECKMAN, *Les nouveaux prédateurs. Politiques des puissances en Afrique centrale*, Paris, Fayard. Nouvelle édition actualisée en 2009, 400 p.

[44] R. POURTIER, « L'artisanat minier au Kivu et ses implications régionales », Paris : INICA-OCDE, 2004, pp. 28-39.

Scientifiques et Techniques) mène une enquête très rigoureuse sur la chaîne de commercialisation et l'exploitation artisanale du coltan[45]. À Goma, le Pole Institute (Institut Interculturel dans la région des Grands Lacs) a publié, en février 2001, une étude dirigée par Aloys Tegera, « Le coltan et les populations du Nord-Kivu »[46] qui s'inscrit dans un processus global de transformation sociale au Nord-Kivu. Dans son étude de terrain, Stephen Jackson met l'accent sur la participation au système d'exploitation des ressources naturelles des producteurs « *rattachés au marché mondial à travers une chaîne d'intermédiaires et en subissant de plein fouet les hauts et les bas* »[47].

Les Nations Unies et les ONG sont également à l'origine d'une volumineuse littérature d'investigation. Elles ont mené d'amples recherches de terrain, tout en s'inscrivant dans le cadre théorique des réflexions sur les liens entre conflits, économie de guerre, ressources naturelles et développement. La problématique des conflits alimentés par l'exploitation des ressources naturelles en RDC a ainsi été largement approfondie par les travaux du Groupe d'experts sur l'exploitation illégale des ressources naturelles et autres richesses de la République démocratique du Congo[48]. Ce Groupe, créé en juin 2000, a

---

[45] D. DE FAILY, « Coltan : pour comprendre », *L'Afrique des Grands Lacs* – Annuaire 2000-2001, L'Harmattan, Paris, 2000, pp. 279-306.

[46] A. TEGEREA (dir.) (2002), « Le coltan et les populations du Nord-Kivu », *Regards croisés n° 007*, Co-recherche Pole Institute/CREDAP, 2005, pp. 45-46.

[47] S. JACKSON, « Nos richesses sont pillées ! Economies de guerre et rumeurs de crime au Kivu », *Politique africaine*, n° 84, pp. 117–135.

[48] United Nations Security Council, *Report of the Panel of Experts on the Illegal Exploitation of Natural Resources and other Forms of Wealth of the Democratic Republic of Congo*, 20-23 October 2003, S/2003/1027.

depuis lors toujours été renouvelé[49]. Parmi la pléthore d'études d'ONG ou de groupes de recherche, celles du Pole Institute, IPIS (*International Peace Information Service*), *Global Witness*, *International Crisis Group*, *International Alert*, Human Rights Watch (HRW) couvrent l'ensemble de la période 2001–2008 et les différents champs d'investigation, notamment ceux tenant aux conséquences humanitaires et environnementales de la prédation des ressources naturelles congolaises.
Cette courte revue de la littérature sur le sujet, met ainsi en évidence de façon ténue le lien constaté – souvent dans une dimension économique – entre conflits et ressources naturelles.

Face à ces démarches diverses, cette étude opte pour une relecture du rapport entre l'exploitation des ressources naturelles et les conflits armés en RDC. En revenant sur l'histoire de la RDC jalonnée par la prédation de ses ressources naturelles, en revisitant le scandale géographique et bien plus géologique de ce territoire[50], devenu un véritable scandale politique, économique et humanitaire[51], cette étude vise à revisiter le mythe de cette malédiction des ressources naturelles et de ses

[49] Les nombreux rapports des Groupes d'experts de l'ONU, qu'il s'agisse du « Panel of Experts » ou du « Group of Experts » depuis 2000, demeurent une source fondamentale sur cette question, depuis le premier rapport du 12 avril 2001 jusqu'au plus récent transmis par lettre datée du 18 octobre 2011, adressée à la Présidente du Comité du Conseil de sécurité créé par la résolution 1533 (2004) par le Groupe d'experts sur la République démocratique du Congo. Voir : http://www.un.org/french/documents.

[50] En 2012, la population de ce pays est estimée à 73 599 1901 millions d'habitants pour une superficie de 2.344.000 km ²(Source : *World Factbook*).

[51] M. LE STER, « L'Est de la République démocratique du Congo : du scandale géologique au scandale politique, économique, humanitaire », *Les Cahiers d'Outre-Mer,* 2011, n° 255, pp. 435-438.

conséquences sur l'existence de conflits armés en RDC dans une perspective juridique.

La République démocratique du Congo illustre-t-elle la « malédiction »[52] des richesses naturelles ? Y a-t-il un déterminisme naturel qui laisserait croire que les ressources naturelles conduisent « fatalement » à des conflits en RDC ? Quel est le rôle des ressources naturelles dans les conflits armés qui ont vu le jour en RDC ? À ce titre, il importe de dresser immédiatement pour une meilleure compréhension de notre analyse, un bref panorama du pillage des richesses du sous-sol congolais, lequel permit surtout le financement du conflit congolais[53].

---

[52] Ceci renvoie au concept de « *Resource Curse* » ou « malédiction » des ressources, expression consacrée face à ce constat paradoxal que les pays bien dotés en ressources naturelles connaissent parfois un taux de croissance inférieur aux autres. Cela s'explique par plusieurs raisons, notamment une compétitivité inférieure dans les autres secteurs de l'économie, un sous-investissement éducatif ou une mauvaise gestion des revenus issus de l'exploitation de ces ressources. En réalité, la signification de l'expression « malédiction des ressources naturelles » a évolué au fil du temps. Au départ, elle concernait très spécifiquement l'effet de l'inflation sur la baisse de la production des biens d'échange non miniers ou pétroliers. Le terme en est venu à désigner l'échec des économies à ressources abondantes pour promouvoir un secteur manufacturier compétitif. Il faut insister ici sur le fait que la « malédiction » (apparente) ne vient pas des ressources naturelles elles-mêmes mais de la mauvaise gestion de la rente minière associée.

[53] I. BANNON, and P. COLLIER, (eds.), *Natural Resources and Violent Conflict: Options and Actions*, Washington D.C., World Bank, August 2003, pp. 1-16. L'importance du motif de prédation dans le déclenchement d'un conflit civil est avérée. Cette prédation mue par l'avidité est à différencier d'une protestation pacifique fondée, quant à elle, sur une doléance. Étant donné que seule l'avidité peut déclencher une guerre civile, le moyen de la prévenir réside dans la suppression de l'objet de la prédation.

Classée dans le rapport PNUD de 2011, au 187e rang (en dernier) mondial sur 187 pays selon l'IDH (Indicateur de développement humain)[54] , avec 71 % des Congolais vivant sous le seuil de pauvreté d'un dollar par jour, la RDC regorge pourtant de ressources minières : cuivre, cobalt, zinc, manganèse, uranium, cassitérite (minerai d'étain), charbon, or et argent. Traditionnellement, les diamants[55]sont extraits dans le Kasaï. D'importants gisements de pétrole sont localisés au large des côtes, près de l'embouchure du fleuve Congo. Le pétrole représente ainsi une partie substantielle des recettes d'exportation de la RDC. Le coltan[56], utilisé pour la fabrication des portables et consoles de jeux électroniques a été le matériau vedette de la fin des années 90. Recherché pour l'un de ses composants, le peroxyde de tantale se trouve pratiquement à ciel ouvert dans le Kivu. Les plus grosses réserves mondiales de coltan se retrouvent également en Ituri[57]. C'est d'ailleurs pour ce coltan que des espaces naturels classés au Patrimoine de l'humanité, tels que les pâturages Masisi, le parc naturel du Kahuzi-Biega et le parc de Virunga ont été détruits. En ce qui concerne l'or, une étude effectuée en 1994 par le Centre National des Recherches Géologiques et Minières (CRGM), met en exergue le potentiel du sol de l'Ituri. Il est possible d'en

[54] L'IDH mesure le PIB par habitant, l'espérance de vie à la naissance, le taux de scolarisation primaire et le taux d'alphabétisation. En 2011, il est de 0,286 pour la RDC, alors qu'un pays comme le Nigeria, occupe la 156e place et affiche un IDH de 0,489. Voir le rapport du PNUD sur le développement humain de 2011 : http://www.undp.org/content/dam/undp/library/corporate/HDR/2011%20Global%20HDR/French/HDR_2011_FR_Complete.pdf.

[55] Voir en annexe cartes sur l'exportation des minerais, carte sur la production informelle de diamants.

[56] Voir en annexe cartes sur la Gécamines, les minerais et sur la production artisanale du coltan.

[57] Malgré tout, le Brésil et l'Australie restent les plus gros producteurs de ce minerai.

extraire une moyenne de 6 à 7 kilos d'or/tonne[58]. Bien que la production de cobalt soit en crise[59], cinquante pour cent de la production mondiale de cobalt[60] proviennent toujours de l'Afrique des Grands Lacs et les 2/3 de ces réserves se trouvent en RDC. On y trouve également à profusion des minéraux rares utilisés dans l'industrie de pointe : berl (technologie des réacteurs et dans l'industrie nucléaire), wolfram, d'où est issu le tungstène résistant à des températures extrêmement élevées sous de hautes pressions (lancement de roquettes et navettes spatiales), nickel, niobium, un tiers des réserves mondiales de chrome et manganèse et 10 % des réserves mondiales de cuivre et de cassitérite. On ne saurait achever ce panorama sans faire allusion aux autres atouts agropastoraux, et écologiques : bois, parcs nationaux, aires protégées, élevages, etc. Environ 75 % du Congo-Zaïre est ainsi couvert de forêts d'ébène, de teck ainsi que des bois de moindre valeur. De surcroît, le potentiel en terres arables est immense.

Ce recensement succinct des richesses de la RDC, sur lesquelles nous reviendrons, permet de souligner l'impact de l'abondance des ressources naturelles sur la genèse et l'évolution de la guerre que nous osons qualifier de la plus meurtrière depuis la fin de la Seconde Guerre mondiale[61]. L'existence des ressources du sous-sol est devenue un

[58] Source : Centre National des Recherches Géologiques et Minières (CRGM).

[59] Cette situation se manifeste avec la chute des exportations à 32 000 tonnes contre 42 449 en 2008, et une baisse la production de plus de 50 % par rapport aux prévisions initiales de 65 000 tonnes.

[60] Voir en annexe carte des productions de la Gécamines.

[61] Le nombre des décès causés par le conflit en RDC est estimé à 3,9 millions, ce qui fait du conflit congolais le plus meurtrier depuis la fin de la Seconde Guerre mondiale. Selon les dernières estimations, à mi-2008, ce chiffre serait plutôt de l'ordre de 5,4 millions, morts au combat exclus (Banque africaine de développement, 2008).

facteur d'immobilisme politique pour le régime en place, voire un catalyseur de la déliquescence de l'État, et par conséquent un facteur d'instabilité politique et de violence. Ces fabuleuses richesses deviennent des instruments de financement des rébellions, motivées par d'autres intérêts que les ressources elles-mêmes. Les ressources naturelles deviennent ainsi le détonateur de plusieurs formes de violence sociale et économique. Elles favorisent des velléités séparatistes. Une économie informelle faite de troc, de contrebande et de trafic de matières premières, s'est mise à prospérer jusqu'à devenir l'unique moyen de subsistance de la plus grande partie de la population. C'est ainsi qu'un pays vanté pour l'abondance de ses richesses naturelles s'est retrouvé au début des années 90 dans les rangs des États les plus pauvres et les plus endettés.
Quels sont les éléments qui permettent de comprendre une telle dégradation ? Les ressources naturelles suffisent-elles à expliquer l'absence de paix durable dans cette région ? Tenter de répondre à cette question revient alors à s'en poser d'autres : les ressources sont-elles à l'origine de la conflictualité en RDC, ou font-elles partie des suites de conflits qu'elles contribuent à prolonger en devenant des butins de guerre ? La multiplicité des enjeux confère au conflit un caractère multidimensionnel. Le processus de résolution local, régional et multilatéral prend-il suffisamment en compte le problème des ressources naturelles ?

Certes, la « malédiction » des ressources naturelles est forte, comme a pu l'expliquer Colette Braeckman[62], qui, dans *« Les nouveaux prédateurs : Politique des puissances en Afrique Centrale »,* décrit ce pays comme une sorte de

[62] C. BRAECKMAN, *Les nouveaux prédateurs. Politiques des puissances en Afrique centrale*, *Op cit.*, note 43.

coffre-fort éveillant des « convoitises ». Pour autant, s'il est dans un pays comme la RDC[63] une corrélation forte entre l'exploitation des ressources naturelles et l'apparition des conflits armés, il n'existe pas de ce fait une fatalité déstabilisatrice des ressources naturelles, c'est-à-dire d'effets directs et quasi mécaniques entre l'exploitation des ressources naturelles et l'exacerbation de la violence politique. Il ne s'agit pas de règles absolues et les contre-exemples fournis par des pays comme la Norvège sont nombreux. En réalité, ce sont les déficiences d'un État administrativement et institutionnellement handicapé, ce qui est le cas de la plupart des pays affectés par la « malédiction des ressources naturelles », qui expliquent le phénomène.

Cette étude vient donc revisiter le lien existant entre l'exploitation des ressources naturelles et la poursuite des conflits en RDC, mais dans une nouvelle perspective, plus juridique et transdisciplinaire. Pour cela, selon nous, à la simple question « *quel est le rôle des ressources naturelles dans le conflit armé en RDC* », une réponse à deux dynamiques apparaît : si en RDC, les ressources naturelles sont avant tout un vecteur de conflits, elles peuvent néanmoins être aussi un enjeu de sécurité et de résolution des conflits.

[63] Le rapport entre exploitation des ressources naturelles et financement du conflit congolais a été affermi par un Groupe d'experts, mandaté par le Conseil de sécurité de l'ONU en juin 2000 de rendre une série de rapports sur « l'exploitation illégale des ressources naturelles et autres richesses en RDC ». Rapports de l'ONU sur l'exploitation illégale des ressources naturelles en République démocratique du Congo et autres richesses nationales, 2001, 2002, 2003.

Chapitre préliminaire.

De l'exploitation des ressources naturelles aux conflits en RDC : continuités historiques

La relation entre ressources naturelles et conflits en RDC est si ancienne, qu'un chapitre préliminaire s'avérait nécessaire pour mettre en perspective les linéaments historiques de ce lien. Depuis sa création en 1885, ce pays est en proie à des situations de conflits concernant les richesses naturelles, néanmoins, la période considérée s'étend surtout de 1994 à 2003. Auparavant, l'infortune résultant de l'« exceptionnalisme »[64] congolais était déjà une source intarissable de débats et de controverses. Et ce, indistinctement du régime politique ou du gouvernement en place ! Les richesses naturelles apparaissent de la sorte comme un enjeu permanent dans les évolutions historiques du Congo-Kinshasa, de la naissance de l'État indépendant du Congo à la période de l'exploitation établie sous Léopold II et par le gouvernement colonial belge vers la fin du XIXe siècle, puis plus tard après l'indépendance.

Pour donner un début de réponses à toutes les interrogations suscitées par la RDC, il convient d'évaluer les continuités et discontinuités de ce phénomène et d'identifier les processus et actions ayant causé ces évolutions. Dans ces conditions, un examen du cadre historique s'impose (I). Il fait apparaître des rapports

[64] E. BOISSONADE, *Le mal zaïrois*, Ed. Hermé, Paris 1990, p. 394.

circonstanciels entre ressources naturelles et conflits en RDC (II).

I. Les ressources naturelles dans l'histoire du pays

Dans ce deuxième territoire d'Afrique par sa taille (aussi grand que l'Europe), la nature providentielle des richesses susceptibles d'être mises en exploitation ou à défaut gardées en réserve (soit 50 % des réserves mondiales de cobalt, 10 % de cuivre et 30 % de diamant, etc.) est telle que tous les acteurs historiques en ont visé l'accaparation ou la maîtrise. Ces ambitions s'inscrivent dans une dynamique remontant à l'histoire ancienne et aux contacts européens et arabes (A), puis à la période moderne de l'histoire du Congo (B).

A. Histoire ancienne et contacts européens et arabes

L'époque ancienne ne révèle pas de prime abord le poids des ressources naturelles dans les conquêtes territoriales ou dans les mouvements migratoires de populations. Tout au plus témoigne-t-elle de la quête de bien-être liée à la possession de telles ressources. Néanmoins, un examen attentif de l'histoire des Empires et Royaumes à travers l'histoire congolaise, démontre que les ressources naturelles ont motivé certaines conquêtes territoriales. L'histoire du Congo est ainsi prolifique d'alliances entre des empires ou royaumes, visant l'accès et le contrôle des ressources naturelles. Pour ces raisons, ce rappel mérite donc d'être effectué.

Dès le premier millénaire de notre ère, la quiétude des habitants autochtones de la région du Congo : les Pygmées, groupes minoritaires dans les forêts équatoriales du nord et du nord-est[65], est mise à mal. À l'origine de cette déstabilisation se trouvent les migrations des agriculteurs bantous en quête de ressources agropastorales. Forts de leur maîtrise de la technologie du fer et de l'agriculture, les Bantouphones s'établissent progressivement vers des parties du Congo riches en ressources minières et en chassent les Pygmées. À partir de l'an 700, quelques groupes bantous travaillent dans les gisements de cuivre situés dans la région du Katanga. Vers 1000, la plupart des États se retrouvent sous domination d'un monarque bantou. Il s'agit notamment du royaume du Kongo (fondé au XIV^e^siècle), de l'empire Luba (fondé au début du XVIe siècle), du royaume Lunda du Mwata Yamo (fondé au XVe siècle) situé dans le sud-ouest du Congo ; du royaume Kuba du peuple Shongo (créé dans le début du XVIIe siècle) situé dans la région du Kasaï, et du royaume Lunda du Mwata Kazembe (fondé au XVIIIe siècle), établi près de la rivière Luapula.

En 1482, Diogo Cão, un navigateur portugais, est le premier Européen à établir un contact avec le royaume bantou du Congo. Il développe des relations fructueuses avec les peuplades congolaises. Au début du XVIe siècle, les Portugais commercent avec le roi du Kongo (dont

---

[65] J.-C. TAMISIER (dir.), *Dictionnaire des peuples*, Larousse, Paris, 1998, 228 p. Cf. Site du groupe SURVIVAL, « Les Pygmées », http://wwwsurvivalfrance.org/peuples/pygmaes.
En Afrique, les Pygmées sont un peuple marginalisé qu'on retrouve au Cameroun, au Gabon, au Congo, en République démocratique du Congo (RDC), en République centrafricaine, au Rwanda, au Burundi et en Ouganda. On y rencontre les Mumbuti, les Mbuti de la forêt d'Ituri, les Tumandwa, les Batwa, les Bakunda (Bazimba), les Aka, les Babenzi, les Baka, les Binga, les Efé, les Twa, les Bokola, les Bagyeli, les Betzan, etc. Le sens étymologique du mot « pygmée » le renvoie au grec « *pygmaios* » pour désigner une personne appartenant à un groupe d'individus spécifiquement caractérisés par leur petite taille, en général inférieure à 1,50 m.

l'autorité s'étendait sur des parties de la côte de l'Angola moderne jusqu'au Gabon). Ils en font de même avec le roi de Ndongo (un État vassal du Kongo). D'ailleurs, l'activisme diplomatique constaté à cette époque, atteste déjà de l'importance, au moins stratégique, de la région. En 1489, le roi du Portugal reçoit en audience l'ambassadeur du Royaume du Congo. En 1490, des missionnaires franciscains et des artisans portugais s'installent à leur tour dans la région. Ayant accédé au trône en 1507, Alfonso, fils du premier roi du Congo, converti au christianisme, entame une vaste entreprise d'évangélisation du royaume. Cependant, la décadence du Royaume Congo au XVIIe siècle incite les Portugais à se tourner vers le sud : l'Angola, où la traite des Noirs et le commerce d'ivoire sont plus aisément pratiqués[66]. À la fin du XVIIIe siècle, les commerçants africains et mulâtres (appelés *pombeiros*), soutenus par les Portugais, s'enfoncent loin dans les terres du royaume de Mwata Kazembe, riche en ressources diverses. Cela confirme l'importance des richesses naturelles dans la politique, la diplomatie et les relations intergroupes.

B.L'histoire moderne

Cette période concerne l'État libre du Congo, le Congo belge et le Congo indépendant à partir de 1960. Elle inaugure la mise en coupe réglée de ce pays à l'incroyable potentiel.

---

[66] D'ailleurs à cette époque, d'autres Européens, les Arabes-swahilis de l'île de Zanzibar (à l'est de la Tanzanie) et les commerçants Nyamwezi de l'actuelle Tanzanie s'adonnent également à la Traite des noirs et au commerce d'ivoire dans la région du Congo. En définitive, les Portugais ne s'installeront pas dans la région.

1. *État Libre du Congo*

L'occupation européenne qui suit est plus ouvertement motivée par des enjeux économiques découlant de l'exploitation des minerais. C'est à partir de la fin des années 1870 que Léopold II, roi des Belges (de 1865-1909) colonise le territoire du Congo. Le souverain belge entend utiliser « sa » colonie afin de contrôler les routes commerciales stratégiques de l'Afrique occidentale et centrale le long du fleuve Congo. Il doit pour cela concilier deux impératifs : prendre effectivement possession de l'immense territoire sur lequel s'exerce (de façon encore théorique) sa souveraineté ; trouver les ressources financières nécessaires à l'entreprise, car il est clair que sa fortune personnelle, aussi considérable soit-elle, n'y suffira pas[67]. À la même époque (1874-1877), l'explorateur britannique Henry Morton Stanley[68] effectue un périple à travers l'Afrique centrale. Au cours de celui-ci, sont localisés le cours du fleuve Congo et ses affluents (Kasaï, etc.). Une légende populaire précise d'ailleurs que les régions katangaises auraient été découvertes par Morton, parce que sa curiosité fut attirée par une végétation métallifère atypique et des fleurs bleuâtres ou violettes qui boisaient certaines collines riches en cuivre. Ce métal rouge fut transformé en « croix de Saint-André » pesant de 9 à 14 kg. Celle-ci est devenue entretemps le symbole du Katanga minier. Ce métal rougeâtre était considéré par les indigènes comme d'essence divine. Les autochtones étaient réputés se nourrir du métal rouge pour acquérir la richesse, au rythme de longues processions où officiait un devin. Des clameurs jaillissaient et l'on chantait en chœur la rengaine des mangeurs de cuivre

[67] J. SELLIER, *Atlas des peuples d'Afrique,* Editions La Découverte, Paris, 2011, p.158.

[68] Henry Morton Stanley dirige les opérations jusqu'en 1890, date à laquelle il quitte définitivement le Congo.

lundas[69]. Le cuivre possédait ainsi à l'époque une valeur analogue à celle de l'or[70].

Dans cette région équatoriale, Henry Horton Stanley crée également des pôles d'échanges commerciaux avec les populations bantoues. Intrigué par les œuvres de l'explorateur (et par le potentiel économique extraordinaire de la région), Léopold II de Belgique le convoque à Bruxelles. Le souverain, qui n'a jamais lui-même foulé le sol du Congo, confie donc à l'ancien journaliste la responsabilité d'accomplir ses ambitions. Par la suite, il associe les États-Unis à son entreprise en s'assurant les services de groupes lobbyistes chargés de convaincre l'opinion publique mondiale des objectifs humanitaires de la conquête du Congo. En 1877, une conférence internationale est organisée autour de savants, de géographes et d'explorateurs. Elle est axée sur la découverte de l'Afrique centrale. L'Association internationale pour la civilisation et l'exploration de l'Afrique centrale en est issue. Par ce biais, Stanley réduit les Congolais à l'esclavage et au travail forcé. Il décide le transfert des propriétés foncières à l'Association Internationale du Congo du roi et institue des lois limitant l'accès de la population autochtone à des terres. Ces lois régissant les terres visaient à s'assurer que seule la classe dirigeante puisse avoir accès aux réserves naturelles d'ivoire, de caoutchouc et d'huile de palme du Congo et que les profits découlant de l'exportation de ces ressources restent entre leurs mains[71]. En 1878, Léopold II ordonne à

---

[69] Récit narré par F. LEKIME, *La mangeuse de cuivre : la saga de l'Union minière du Haut-Katanga, 1906-1966* , Didier Hatier, 1992, pp. 50-52.
[70] *Ibid.*
[71] S. LAPIERRE, « L'héritage colonial de la RDC », article en ligne sur le site : http://www.getloud.ca/fr/gpi_issues.asp?id , consulté le 11 mai 2011.

Stanley d'établir l'autorité royale dans le bassin du Congo. Dans cette perspective, Stanley inaugure un certain nombre de stations le long de la rivière Middle Congo entre 1879 et 1884. Parallèlement, le journaliste et explorateur conclut des traités avec plusieurs chefs africains. Ceux-ci opèrent le transfert de la souveraineté territoriale détenue par les rois et chefs indigènes au roi belge.

Le Comité d'études du Haut-Congo créé en 1878 par Léopold II avec le concours de Stanley et des lobbyistes américains sera transformé en 1879 en Association internationale du Congo. L'objectif avoué de cette entité est « *d'ouvrir l'Afrique à la civilisation et d'abolir l'esclavage* ». Par la suite, Stanley inaugure en 1881 un entrepôt de marchandises sur le Congo, baptisé « Léopoldville » (aujourd'hui Kinshasa).

Léopold II prend rapidement conscience que le Congo constitue un véritable coffre-fort de matières premières. Sa politique de mainmise sur les matières premières congolaises se concentre en premier lieu sur le Katanga, dont la compagnie fondée par le britannique Cecil Rhodes se rapproche dangereusement[72]. De cette façon, la Belgique se retrouve alimentée par la providentielle province minière ; le Katanga est quant à lui administré comme faisant partie intégrante du territoire national belge.

Lorsqu'advient la Conférence de Berlin (1884-1885), la France et le Portugal revendiquent une partie du Congo. La Conférence consacre pourtant la souveraineté de

---

[72] J. SELLIER, *Atlas des peuples d'Afrique*, *op. cit.*, note 58. En définitive, l'autorité belge s'impose dans la région, tandis que les expéditions lancées par Rhodes échouent.

Léopold II sur le Congo. Ce territoire est dénommé « l'État libre du Congo ». À partir des années 1880, le Congo est davantage dirigé comme une entreprise que comme un État. Les relations politiques et communautaires au Congo sont fondées sur le capitalisme colonialiste, puisque le contrôle des provinces est centralisé et que des ententes sont conclues avec des sociétés minières étrangères, qui reçoivent pleins pouvoirs pour exploiter tous les produits de la forêt du Congo, de même que le droit d'établir une force policière et de détenir « physiquement » les personnes vivant à l'intérieur de ces concessions. En échange, les sociétés étrangères partagent leurs profits avec l'État. L'ensemble du système est instrumentalisé par les élites belges qui traitent ces profits comme leur fortune personnelle plutôt que de les utiliser pour développer le Congo. La majorité des produits du Congo est exportée vers la Belgique ou l'Amérique. Le pays est en réalité une possession personnelle du souverain belge, ayant comme capitale la ville de Goma. Le monarque belge prétend vouloir « *sauver les Africains de l'oppression de despotes locaux et du trafic des négriers arabes* » pour les « *conduire à la civilisation* ». Il reste que jusqu'au milieu des années 1890, le contrôle de Léopold recouvre seulement une infime partie de l'État Congolais. En 1891 éclate la guerre la plus dévastatrice de l'histoire de l'État Libre du Congo : la « Révolte arabe », menée par des Arabes d'Afrique et des commerçants arabo-swahilis. En 1892, ces derniers sont terrassés par les Belges qui conquièrent la région du Katanga et Maniema.

2. *La période léopoldienne (1885-1908)*

La colonisation belge fait du Congo-Zaïre un territoire centré autour de l'exploitation des ressources naturelles. Or, à partir de la fin des années 1880, les difficultés financières du roi Léopold II sont importantes. Au motif de consolider la lutte contre la Traite des noirs, le roi des Belges obtient en 1890 de prélever des droits de douane sur les produits importés dans l'EIC (État Indépendant du Congo)[73]. Ce privilège lui est accordé par le parlement belge en échange de la promesse « d'ouvrir » ce territoire au commerce international. La propriété de « l'État Indépendant du Congo » est accordée au monarque par la conférence de Berlin de 1885[74]. La même année, l'État belge lui accorde un prêt sans intérêt. Le Congo est ainsi structuré en grandes concessions d'exploitation minières[75].

N'ayant toujours pas suffisamment de fonds propres pour développer le Congo, Léopold II sollicite et obtient d'autres prêts du parlement belge en 1889 et 1895. En contrepartie de ceux-ci, la Belgique est autorisée à annexer le Congo en 1901.

Voilà comment, sans jamais avoir posé les pieds au Congo, Léopold II y établit les fondations d'un ordre colonial long de 75 ans. Dans un premier temps, Léopold II s'approprie toutes les terres « inoccupées » (y compris les terres cultivées en jachère). À ce sujet, le roi déclare ouvertement que « *les terres vacantes doivent être considérées comme appartenant à l'État* ». Dans un deuxième temps, le roi prend le contrôle du commerce lucratif de caoutchouc et d'ivoire. Cette quête de latex est à l'origine d'une très dure exploitation des Africains.

Par ailleurs, une grande partie des terres se retrouve attribuée à des sociétés concessionnaires. Elles sont chargées de construire les chemins de fer, tout en

---

[73] Cette pratique est contraire aux engagements dits « de strict échange » pris à Berlin en 1885.

[74] Le Royaume de Belgique s'y engage à faire profiter les « autres » nations de l'exploitation de « ses » fabuleuses ressources naturelles.

[75] J.-P. PEEMANS, "The social and Economic Development of Zaire since Independence", *African Affairs*, 74, 295, 1975, pp. 148-179.

concédant à l'État un pourcentage de leurs bénéfices. En 1889, les travaux du chemin de fer Matadi-Léopoldville (actuelle Kinshasa) débutent. Cette ligne de 400 km de long est inaugurée en 1898. Cette période correspond à celle de l'essor de Léopoldville. Afin de faire fonctionner « sa » colonie (en réalité, une simple entreprise commerciale personnelle) et d'en exploiter les richesses naturelles, Léopold II s'appuie sur son armée de mercenaires, les missions catholiques, un certain nombre d'émissaires, des colons à sa solde, ainsi que des banquiers belges. Pendant cette période, la doctrine catholique s'aligne sur les idéaux colonialistes. Selon le président du syndicat chrétien belge, Henri Pauwels[76], le « droit à la colonisation » rime avec le « devoir de christianisation ». De fait, les religions animistes autochtones sont vouées à disparaître. Seul le syncrétisme des cultes africains avec le christianisme permet aux religions traditionnelles de rester vivaces au Congo et dans certaines régions d'Afrique[77].

En vue de compenser le coût de ses investissements personnels dans l'aventure coloniale, Léopold II concède des portions de territoires à des entreprises privées. Celles-ci lui versent des redevances en échange du droit d'extraction des richesses du sous-sol[78]. Dans l'imagerie

[76] H. PAUWELS, « *Pourquoi et comment nous devons coloniser* », Michaux, Bruxelles, 1910, p. 196 in *Le syndicalisme et la colonie*, cité dans L'argent du PSC-CVP, pp. 91-94. Le propos rappelle qu'au Congo ou ailleurs, l'Église Catholique a légitimé pendant trois siècles la Traite négrière et la domination coloniale.

[77] Au Bénin, la fête nationale des cultes « Vodoun », sorte de Noël à l'Africaine, est célébrée officiellement depuis le 10 janvier 2002. Une anecdote peut rendre compte de cette prégnance de certains cultes : le président de l'époque Nicéphore Soglo qui résistait aux demandes des prêtres vaudous d'officialiser un culte omniprésent aurait été convaincu par un sort maléfique que ces derniers lui auraient jeté.

[78] Cette pratique ne diffère en rien de celle pratiquée par la plupart de ses successeurs africains à la tête de l'État congolais.

populaire, l'État indépendant du Congo apparaît comme « le premier enfant du roi des Belges ».
Une lettre rédigée le 3 juin 1906 par Léopold II[79] confirme l'entendement du souverain en la matière :

> « Le Congo n'a été et n'a pu être qu'une œuvre personnelle. Or, il n'est pas de droit plus légitime que celui de l'auteur sur sa propre œuvre, fruit de son labeur. Mes droits sur le Congo sont sans limites et ne sont que le produit de mes peines et de mes dépenses. Le mode d'exercice de la puissance au Congo ne peut relever que de l'auteur de l'État. C'est lui qui dispose souverainement et qui doit forcément continuer à disposer seul dans l'intérêt de tout ce qu'il a créé. »

À partir de 1885, l'État indépendant est soumis à l'exploitation de plus en plus brutale du caoutchouc. Certains des revenus accumulés au gré de telles violences servent à construire des édifices prestigieux à Bruxelles, à Anvers et à Ostende. Des compagnies sont créées en vue d'exploiter les richesses minérales du Katanga et du Kasaï. En 1900, le roi belge crée le Comité Spécial du Katanga (CSK), afin d'administrer la plus grande partie du Katanga, province riche de son cuivre. Cette entité assume des fonctions régaliennes telles que le droit d'instaurer un corps de police et d'y percevoir des impôts. Le CSK devint par la suite le principal actionnaire de l'Union Minière du Haut-Katanga[80]. Peu de temps après débute

---

[79] E. DE JONGHE, J. VANHOVE, et G. VAN CAMPENHOUT, « Les formes d'asservissement dans les sociétés indigènes du Congo belge », *Mémoire* - Institut royal colonial belge, Section des sciences morales et politiques, Bruxelles, 1949, p. 177.

[80] Fondée en 1906 avec 10 millions de francs belges, l'Union Minière (UM) parvient à un bénéfice net de 31 milliards de francs belges

l'exploitation des minerais dans l'est du Congo. C'est ainsi qu'en 1903, deux prospecteurs australiens découvrent de l'or dans la rivière Agola. Ils dénomment cette zone du nom du chef Kilo[81]. La société des Mines de l'or de Kilo Moto (SOKIMO) y sera créée sur le modèle des grandes compagnies coloniales comme l'Union Minière du Haut Katanga, vingt-trois ans plus tard.

En raison des excès commis par les colons en Afrique, la réputation de Léopold II et son œuvre d'Outre-Mer se ternit[82]. Les atrocités commises au Congo et dévoilées par le consul britannique au Congo, Roger Casement, suscitent l'indignation de toute l'Europe. La commission internationale d'enquête (1904) instituée par le monarque, publie en novembre de l'année suivante un rapport accablant, dans lequel sont curieusement soulignés tant « *les mérites de l'action royale au Congo* », que « *des abus et des lacunes* » de la part des colons et des milices. En 1908, après de nombreux débats, le Parlement belge décide que l'on ne peut confier une colonie à la seule autorité du roi. Léopold II doit par conséquent céder l'État libre du Congo à la Belgique[83].

---

moins d'un demi-siècle plus tard. Elle occupera ultérieurement un rôle de premier plan dans la sécession du Katanga en 1960.

[81] Après la découverte du site de Moto, la région aurifère de l'Ituri-Haut Uélé a reçu ce nom de Kilo-Moto qui depuis plus d'un siècle symbolise l'or du Congo, dont la longue histoire a été récemment ternie par les massacres de 2002–2003 à Mongbwalu. Voir le rapport d'*Human Rights Watch*, *Le Fléau de l'Or*. New York : HRW, 2005.

[82] Léopold II se forge cette triste réputation, en raison non seulement des travaux forcés imposés aux Congolais, mais aussi à cause des mutilations faites aux femmes et aux enfants (mains ou pieds coupés). Ces méthodes punitives sanctionnent ceux qui ne parviennent pas à fournir les quotas de production requis, ou les impôts en nature. Les massacres d'habitants sont fréquents, sans parler du pillage de l'ivoire et du caoutchouc.

[83] Voir Chronologie en annexe.

En dépit du fait que le roi Léopold II transfère le Congo à la Belgique en 1907, les sociétés étrangères associées à sa démarche de conquête du Congo, conservent le monopole des ressources du pays. À l'époque, les Congolais n'ont aucun accès à cette richesse, ce qui favorise l'émergence d'une économie informelle. De plus, un grand nombre de personnes s'enfuit vers d'autres pays après 1907, afin d'échapper au travail forcé, et un système de commerce clandestin des biens de consommation surgit le long des routes de commerce précoloniales.

En conclusion, la société congolaise a été transformée par la « période léopoldienne » et habituée à trouver des légitimations diverses au pillage des ressources du Congo. Pendant le règne colonial, la Belgique a manipulé l'économie politique et les relations sociales préexistantes dans le but d'optimiser la productivité et les profits provenant de l'économie minière. La Belgique a réussi à influencer et à contrôler les leaders traditionnels des tribus afin que ceux-ci leur donnent accès à l'immense force ouvrière requise pour l'extraction des ressources et la construction de routes commerciales. De la sorte, toutes les strates de la société ont été influencées et se sont accoutumées à des phénomènes illicites qui auraient déjà, à l'époque, mérité la censure internationale.

De la Belgique coloniale, les Congolais ont hérité la langue française, un modèle d'administration brutale et de privatisation de l'État, certaines institutions de l'EIC et une propension à la prédation des ressources naturelles, tant et si bien que certains dirigeants noirs du Congo (Mobutu et Kabila I) n'ont rien à envier aux colons. Curieusement, la plupart des manuels d'histoire coloniale présentent toujours Léopold II comme un « grand bienfaiteur des peuples noirs ».

3. *Le Congo belge (1908-1960)*

En 1908, une colonie – appelée Congo belge – dont les éléments essentiels reposent sur l'Administration, les missions chrétiennes et les grands groupes capitalistes, sans parler de l'armée, revient à la Belgique. L'effet bénéfique de ce changement institutionnel est notoire ! Sous la domination belge, les pires excès (comme le travail forcé) diminuent sensiblement. La croissance économique du Congo belge se développe considérablement (grâce à la production du cuivre et du diamant), mais au prisme des intérêts coloniaux et du capital étranger. Le développement économique est ainsi favorisé par la construction des chemins de fer et autres infrastructures. Des plantations plus grandes sont créées, tandis que l'agriculture indigène est réglementée. De vastes opérations minières sont initiées. La Société Générale de Belgique (SGB) contrôle l'Union Minière du Haut Katanga (UMHK). Dans les années 1920, la croissance économique accélérée repose sur l'exploitation minière (en particulier du cuivre du Katanga et les diamants du Kasaï ou de la province orientale). La cassitérite est découverte en 1926. La même année est créée la Société des Mines d'Or de Kilo Moto (SOKIMO), la MGL : Minière des Grands Lacs, et le CNKI, le Comité National du Kivu. Ces entités accélèrent l'exploitation de l'or. Le Maniema devient la grande région de production stannifère avec les centres de Kalima, Punia, Kasese, Sakumakanga. Les sociétés minières, véritables États dans l'État, construisent des villes-dortoirs pour leurs travailleurs. Elles sont également fortement impliquées dans le financement et la gestion des infrastructures régionales et socioéducatives (transport, santé, éducation). Un mouvement d'exode rural s'ensuit, au début des années 1930. Pourtant, les deux langues officielles de la colonie demeurent interdites pour la plupart des Congolais[84].

Naturellement au début des années 1940, les ressources naturelles du Congo se retrouvent au centre de tous les enjeux de la guerre froide. L'importance économique et stratégique de ce territoire est immense. Les Alliés l'ont saisi. À la suite de l'invasion de la Belgique par l'Allemagne, le gouverneur général du Congo de 1934-1946 (Pierre Ryckmanns) les autorise à utiliser les minerais du Katanga (l'uranium, de Shinkolobwe au Katanga, notamment). C'est ainsi que le géant africain se retrouve participant à l'effort de guerre et au travail obligatoire européens. Cette situation intolérable pour les Congolais provoque grèves et émeutes à Matadi en 1945.

4. *Le Mouvement pour l'Indépendance*

Au cours des années 1950, le mouvement indépendantiste gagne du terrain partout au Congo. Les leaders nationalistes militent pour la rétrocession au peuple congolais de la souveraineté sur ses richesses naturelles. Les émeutes éclatant à Léopoldville (Kinshasa) en janvier 1959, sont menées par les nationalistes congolais. Il s'agit de Joseph Kasa-Vubu (dirigeant d'ABAKO : Association des Bakongo), de Patrice Émery Lumumba (dirigeant du Mouvement National Congolais). Ces nationalistes ont été grandement impressionnés par la visite (en fin 1958) du président français Charles de Gaulle dans les pays voisins

[84] Le français et le flamand (appelé aujourd'hui le néerlandais) sont, à l'époque, les deux langues officielles de la colonie. Les Congolais n'avaient pas le droit de s'exprimer dans cette langue. En conséquence de cette discrimination, le Congo belge se trouva dépourvu de personnel politique et technique prêt à prendre la relève, lorsque les autres pays feront leurs premiers pas vers l'indépendance.

du Moyen-Congo[85]. Ces nationalistes congolais réclament des élections au suffrage universel pour la fin 1961.

Ceux-ci sont conviés par les autorités belges à Bruxelles pour une table ronde en janvier-février 1960. Le gouvernement belge, qui veut calmer les ardeurs indépendantistes, y évoque la mise en œuvre d'un programme destiné à former les élites congolaises à l'Administration. Ce plan prévoit l'organisation d'élections locales en vue de l'institution d'un gouvernement congolais devant conduire le pays vers l'indépendance.

Le Parlement belge décide que le Congo belge deviendra totalement indépendant le 30 juin 1960. Cette décision est prise dans un contexte où la plupart des Européens résidant au Congo belge s'étaient retirés à partir de 1959, lors des premiers soulèvements. Contrairement aux grandes puissances coloniales (France et Royaume-Uni), l'impérialisme Belge n'a pas anticipé la décolonisation. Il aurait pu sélectionner par exemple dans la population autochtone des successeurs (ou « serviteurs ») politiques et militaires aptes à assurer la continuité étatique, après le départ de la puissance coloniale. Les Belges ont, de plus, laissé une infrastructure étatique qui n'était pas viable puisqu'elle ne comprenait pour ainsi dire aucun Congolais ayant la formation requise pour occuper les postes vacants dans les ministères du gouvernement. À titre d'illustration, au cours de leurs 75 ans au pouvoir, les Belges ont produit moins de 30 diplômés congolais.

La campagne électorale postérieure à la décolonisation du Congo met au jour un clivage entre les tenants d'une solution confédérale avec la Belgique et les partisans d'un

[85] Le président français avait offert aux Africains la possibilité de voter dans un référendum pour l'association continue avec la France ou pour l'indépendance totale.

État congolais fort et centralisé, représentés par Patrice Lumumba, le chef du Mouvement national congolais (MNC).

5. Les douloureux lendemains de l'indépendance (1960-1966)

En mai 1960, malgré la victoire du Mouvement national congolais (MNC) aux élections générales, Patrice Lumumba cède la présidence à Joseph Kasavubu. Après la proclamation de l'indépendance, le 30 juin 1960, Lumumba est nommé Premier ministre.

Le pays, insuffisamment pourvu de cadres, connaît ensuite une période d'insurrection. Les violences politiques se multiplient, tandis que plusieurs provinces revendiquent leur indépendance, dont la province cuprifère du Katanga, faisant sécession dès juillet 1960. La riche province diamantifère du Kasaï du sud, cherche également à se constituer en État autonome. À l'évidence, de telles velléités séparatistes ne sont pas sans lien avec les précieuses richesses naturelles[86]. Elles soulignent historiquement la fonction d'amplification des violences politiques qu'assume la détention des richesses naturelles. La plupart des populations habitant des zones riches en ressources estiment avoir le droit de bénéficier des revenus de ces ressources, en créant une structure étatique autonome. Ce fut également le cas au Biafra (Nigeria).

Bien que les revendications séparatistes soient contraires à leur politique de centralisation du système de gestion des ressources naturelles, les pays étrangers aident à financer les mouvements sécessionnistes du Katanga et du Sud-Kasaï. On y voit un moyen de contrecarrer la politique

---

[86] J.-F. ORRU, et al., « Le diamant dans la géopolitique africaine », De Boeck Université | *Afrique contemporaine* 2007/1 - n° 221, pp. 173-203.

marxiste de Patrice Lumumba. Pour ces raisons, les défis politiques de la guerre froide et ceux présentés par la faiblesse de l'infrastructure politique, ont motivé les États-Unis et la Belgique à intervenir dans le façonnement des nouvelles structures politiques. L'objectif était de s'assurer que leurs entreprises conserveraient leur monopole sur les ressources congolaises. La crainte de voir le Congo : pays clé avec ses ressources stratégiques et sa position centrale en Afrique, tomber aux mains des communistes, a conduit certains acteurs exogènes à intervenir sur l'échiquier politique congolais.

Ces ingérences prennent la forme d'un premier coup d'État en date du 14 septembre 1960, suscité par la CIA, afin de permettre au colonel Joseph Désiré Mobutu d'accéder au pouvoir. Une guerre civile s'ensuit, marquée par l'affairisme des mercenaires étrangers (belges, français et sud-africains), de casques bleus de l'ONU. Ces interférences conduisent à la destitution de Patrice Lumumba comme Premier Ministre par le Président congolais Kasavubu en 1960 et ensuite par Moïse Tshombé, le leader du mouvement sécessionniste katangais. Lumumba est assassiné par des agents de la CIA et des mercenaires belges en 1961. La sécession katangaise prend fin en 1963, tandis que la rébellion des lumumbistes se poursuit jusqu'en 1964. À la fin de 1964, le commandant en chef, le colonel Mobutu, se proclame lui-même président du Congo belge, après avoir déposé le président Kasavubu. Les sociétés étrangères qui ont soutenu le changement de régime conservent, une fois encore, le monopole des ressources du pays. Dans ce contexte, l'histoire de la RDC atteste du rapprochement conjoncturel entre ressources naturelles et conflits.

II. LES LIENS CONJONCTURELS ENTRE RESSOURCES NATURELLES ET CONFLITS

L'importance des ressources « maudites » dans l'imaginaire collectif congolais est telle qu'elle a parfois été retranscrite de manière outrancière. En plus des effets d'annonce et du tapage médiatique alimentant une atmosphère de psychose, la « carte » des ressources naturelles a été plus d'une fois jouée sur le plan politique. Au demeurant, c'est surtout le mode de gouvernance politique de telles ressources naturelles qui a joué un rôle décisif dans l'histoire de la RDC et des conflits qui l'ont secouée.

A. De la déliquescence sous le régime de Mobutu (1965-1997) à la Première Guerre du Congo

À l'instar de ses prédécesseurs, le système instauré par Mobutu de 1965 à 1997, s'appuie sur l'exploitation des richesses du pays et sur une politique patrimoniale de redistribution destinée à lier les élites politiques, commerciales et militaires au régime. Mobutu, dernier « roi du Zaïre »[87] a été dépeint commc brutal, corrompu, empereur à la tête d'un État mal administré économiquement, rongé par une absence effrayante d'investissement dans les services publics. Cette image ne correspond pas en tous points à la réalité. Les débuts de l'ère de Mobutu se démarquent surtout par leur faste, au moins apparent. C'est d'ailleurs l'époque des grands

[87] *Mobutu, roi du Zaïre* est un film documentaire du réalisateur belge Thierry Michel produit par Les Films de la Passerelle, Image Création, Les Films d'Ici, RTBF et Canal +. Il décrit les faits et gestes du dictateur qui fut reçu par toutes les personnalités les plus indiscutables du Nord de la planète, tant du monde occidental que du monde communiste, son amitié avec le roi Baudouin Ier, sa fascination pour Léopold II mais aussi sa politique fondée sur la corruption et la cruauté.

projets pharaoniques financés par l'endettement extérieur et que garantissent les grandes ressources naturelles du pays.

L'histoire de la filière des ressources naturelles a été marquée par le régime de Mobutu Sese Seko. C'est en 1965, avec la bénédiction de la Belgique, de la France et des Etats-Unis, que Joseph Désiré Mobutu, surnommé *Sese Seko Kuku Ngbendu Waza Banga* : « *guerrier qui va de victoire en victoire sans que personne ne puisse l'arrêter* », accède au pouvoir. Il instaure un régime autoritaire de type présidentiel. Ce dernier est fondé sur un parti unique, le Mouvement Populaire de la Révolution (MPR). Sur ces entrefaites, Mobutu change le nom du pays pour celui de Zaïre et impose un contrôle politique absolu au Congo. Le « Mobutisme » reprend deux techniques principales du colonialisme belge : le mensonge et la violence conjugués en réprimant l'opposition politique et en contrôlant l'accès aux richesses naturelles du pays. Malgré cela, Mobutu stabilise le pays, ce qui lui fait dire que sans lui, le chaos se serait amplifié[88]. La stabilité économique retrouvée, le jeune président prend avec zèle une série de dispositions afin de concentrer le pouvoir dans ses mains ou dans celles d'un cercle d'affidés.

La prise de contrôle de l'économie par le régime mobutiste est amorcée le 7 juin 1966 avec la loi « Bakajika », qui marque le début de la nationalisation des grandes concessions étrangères, de manière à ce que l'État puisse posséder tous les droits miniers et impose ces lois par le contrôle militaire des terres riches en ressources et des routes commerciales. Le 1er janvier 1967, l'Union minière du Haut Katanga (UMHK), l'entreprise étatique exploitant

[88] G. KABWIT, « Zaire: the Roots of the Continuing Crisis », *The Journal of Modern African Studies*, vol. 17, 3, pp. 112-182.

le cuivre et le cobalt notamment, est nationalisée et devient la Gécamines[89]. Dans le même temps, Mobutu favorise la concurrence entre les entrepreneurs et les chefs militaires en leur permettant de conserver leur propre territoire et de développer leurs propres possibilités commerciales découlant de l'extraction et du commerce de diamants, d'or, de café, de coltan, de bois d'oeuvre et d'armes.

Le talon d'Achille du Président – qui lui sera d'ailleurs fatal – c'est qu'il pèche par l'encadrement de ses généraux. Comme le relate Colette Braeckman, « *Mobutu tolère que ses généraux, de mèche avec des trafiquants libanais protègent des opérations de blanchiment d'argent de la drogue. Les dollars à recycler sont envoyés dans les régions minières où ils servent à acheter les diamants extraits par les creuseurs* »[90]. L'emprise des militaires et l'incroyable manque d'investissement de Mobutu dans les services publics et dans l'infrastructure des transports, suscitent l'essor des réseaux nationaux et régionaux de contrebande. Ces réseaux s'associent à leur tour à des réseaux internationaux et au cartel de la drogue. Cette implication dans la mafia lui vaudra quelques années plus tard la désaffection du gouvernement américain et de son « ami personnel » Georges Bush, qui l'avaient pourtant tant soutenu dans sa conquête du pouvoir.

Au milieu des années 70, la diminution du cours des ressources naturelles entraîne une crise économique sans précédent, mettant l'État zaïrois sous pression. En réaction, Mobutu devenu général, élu pour un mandat présidentiel de sept ans, entérine de nombreuses lois

---

[89] Elle avait débuté ses activités par le biais de la Générale du Commerce et des Mines du Congo (GECOMINES), devenue plus tard la Générale des Carrières et Mines du Congo (GECAMINES).
[90] C. BRAECKMAN, *op. cit.*, p. 35.

affectant les ressources naturelles (1971, 1973). Cette inflation législative met en œuvre un vaste programme d'africanisation : la zaïrianisation (appelé aussi « zaïrisation)[91]. Le président prend d'abord des mesures de zaïrianisation de l'économie, lesquelles procèdent par l'expropriation des biens d'expatriés installés au Zaïre. Néanmoins, seuls les cercles proches du pouvoir, c'est-à-dire des politiciens ou administrateurs publics liés au parti du président tirent profit de cette indigénisation de l'économie[92]. Le terme « indigénisation » est ostensiblement préféré à celui de « nationalisation » car cette dernière suppose une redistribution des richesses à l'ensemble de la population. Une des conséquences est la croissance du secteur informel et la dégradation du climat

---

[91] La zaïrianisation (appelée aussi « zaïrisation ») est le mouvement politique créé par Mobutu Sese Seko dans la République du Zaïre (actuelle République démocratique du Congo) au cours des années 1970, consistant à revenir à une authenticité africaine des toponymes et des patronymes, en supprimant tout ce qui était à consonance occidentale.

[92] Claske Dijkema, dans un article publié sur le blog de l'ESG Grenoble et des Presses Universitaires de France, évoque le virage vers l'indigénisation de l'économie en Afrique australe. Ce phénomène s'observe surtout en Afrique australe, notamment en Afrique du Sud et au Zimbabwe. En Afrique du Sud, cette tendance correspond au « *Black Economic Empowerment* » articulée par Thabo Mbeki, mais aussi aux revendications relatives aux nationalisations des mines par le leader de la Ligue de la Jeunesse de l'ANC, Julius Malema. Une loi a été introduite sur l'« indigénisation » de l'économie au Zimbabwe, en 2008. Elle consiste à céder 51 % des actions des entreprises aux citoyens noirs du pays. Claske Dijkema s'interroge : « *Après l'exemple catastrophique de la politique économique de la 'zaïrianisation' en République démocratique du Congo sous Mobutu au début des années 1970, comment comprendre que ces projets de loi jouissent d'une grande popularité en Afrique du Sud et au Zimbabwe, même si leur application fait débat* ? ». Cf. : http://geopolitique.over-blog.fr/article-un-virage-vers-l-indigenisation-de-l-economie-en-afrique-australe-59697121.html

des affaires (inflation). Mobutu y réagit de manière radicale. Le 30 décembre 1974, l'expropriation est légalisée.

Le Colonel-président procède ensuite à la zaïrianisation des pratiques sociétales. Il valorise le concept officiel du « recours à l'authenticité ». Cette authenticité recouvre « l'africanité congolaise » et le rejet des valeurs venues d'ailleurs (l'Occident). Au nom de l'authenticité, plusieurs interventions à caractère linguistique sont amorcées. La plupart des grandes villes sont rebaptisées (p. ex. Léopoldville - Kinshasa, Élisabethville – Lumumbashi, Stanleyville – Kisangani, Port-Francqui – Ilebo, etc.). Il en est de même pour des noms de rues, fleuves, lacs, etc. On supprime les noms et prénoms étrangers. Les patronymes traditionnels africains deviennent obligatoires, ce qui suscite un conflit avec l'église catholique, opposée à la déchristianisation des prénoms[93]. Les raisons sociales sont également zaïrianisées, que ce soit dans les établissements d'enseignement, les commerces, les noms des journaux (qui restent rédigés en français). Les termes de salutation tels que *Monsieur, Madame, Mademoiselle* sont remplacés par *Citoyen, Citoyenne* et *Maman.* Les députés deviennent des commissaires du peuple, les ministres, des commissaires d'État, les maires, des commissaires de zone, etc. La monnaie nationale prend la nouvelle appellation du pays : le Zaïre, qui deviendra plus tard le nouveau Zaïre.

Il plaît à l'époque au maréchal Mobutu de comparer son pays au Brésil. Tout comme le Congo, le Brésil est effectivement un État-continent (le plus vaste d'Amérique

---

[93] Le contexte ambiant était celui de la guerre froide. Le bréviaire de Mobutu était une confluence de léninisme, maoïsme, marxisme. Cela expliquait son aversion pour les religions et l'Eglise catholique.

du Sud). Il est également pourvu d'une géographie généreuse (vaste cuvette équatoriale de l'Amazone) et d'immenses ressources (bois, hydroélectricité, mines du Minas Gérais et du bassin amazonien). L'évolution des deux pays contraste fortement.

La fin des années 1970 marque le déclin de la production industrielle. Affecté par la guerre angolaise qui perdure, le Zaïre renonce définitivement à la possibilité d'exporter son cuivre par l'Angola. Le plan de développement économique initié en 1977 est un véritable fiasco. En réalité, le président fait fonctionner la planche à billets, alimentant l'hyperinflation. La cessation des activités de la GECAMINES traduit l'effondrement des recettes de l'État, et la nature informelle de toutes les activités industrielles, de politique internationale et gestion des ressources minières. Cette gestion contribue à propager la crise dans tous les secteurs.

Le 8 mars 1977, lorsqu'environ 2 000 membres du Front national de libération du Congo (FLNC) envahissent le Shaba, province au sud-ouest du Zaïre, avec le soutien gouvernemental de l'Angola, du MPLA et l'implication possible des troupes de Cuba, le président Mobutu Sese Seko du Zaïre lance un appel pour un soutien extérieur, le 2 avril. C'est la « première guerre du Shaba » ou « guerre des 80 jours », qui a pris fin lorsque 1 500 hommes de troupe marocains, transportés par avion vers le Zaïre le 10 avril par le gouvernement français, repoussent les rebelles du FNLC. Le FLNC a effectué une seconde invasion l'année suivante, la deuxième guerre du Shaba. Le maréchal Mobutu est tout de même réélu Président de la République pour un troisième septennat le 29 juillet 1984.
Vers la fin des années 80, les maux de son régime : clientélisme, népotisme, tribalisme, corruption, le rendent très impopulaire. Sa garde présidentielle monoethnique

(car composée uniquement d'éléments originaires de son ethnie), et l'armée nationale (composée en grande partie de mercenaires) répandent la terreur. Il est question d'assurer la dictature du maréchal président qui fanfaronne « les Zaïrois me doivent tout ».

La désagrégation des structures économiques formelles et la crise du contrôle politique postcolonial conduisent l'économie zaïroise à une phase de délitement. Après avoir longtemps été rattaché aux DTS (ZAIRE 1 = DTS 1), le Zaïre devient une monnaie flottante. L'industrie « lourde » du cuivre (qui exige des investissements) connaît un déclin vertigineux dans les années 90. La chute des cours du cuivre met en lumière les failles d'un système centralisé, sans limite claire entre les biens de l'État et ceux de son dirigeant. Surpassant leur chef, les généraux se tournent vers les minerais pour en tirer des ressources substantielles qui les affranchissent de la tutelle du maréchal et les transforment en « seigneurs des mines ». Le pays entre dans une période d'hyperinflation accélérée par l'attitude prédatrice des gouvernants. La dégradation des infrastructures finit par exclure les possibilités d'exportation des produits miniers et précipite l'arrêt de la Gécamines et l'informalisation des activités extractives. Un tel effondrement est le reflet de l'évolution générale de l'économie zaïroise, qui connaît une contraction officielle de 40 % de son PIB pendant la période 1990-1994[94]. Par la suite, il est fait recours à des ressources naturelles rapidement commercialisables. La libéralisation a pour effet que de nombreux creuseurs et négociants vont tenter leur chance aux champs de diamants, avec peu d'investissements et plus de profits. En plus de l'effondrement des revenus miniers, la fin de l'ordre

[94] J. MATON, « Congo 1997-1999, la guerre des minerais et la fin temporaire des espoirs », Unité d'Enseignement et de Recherche au Développement, Université de Gand, 1999, p. 5.

mondial bipolaire en 1989 engendre, en ce qui concerne le Congo, une très nette diminution du soutien financier des puissances occidentales[95]. Le Zaïre de Mobutu perd sa position stratégique. De plus, la suspension de l'aide publique au développement engendre une réduction drastique du budget de l'État, une pression accrue sur les recettes et l'effondrement du secteur productif formel. En 1994, le gouvernement du Premier ministre Kengo Wa Dondo entame, sous la pression des institutions financières internationales, la privatisation du secteur minier[96]. Le recours à la violence devient alors un moyen de confiscation et de prise du pouvoir politique et économique par les forces en présence dans le pays.

Dans ces circonstances, le Zaïre se retrouve, en 1997, au même point qu'au moment de la décolonisation. Son PIB équivaut à celui de 1958, alors que la population a triplé. Son revenu fiscal représente moins de 4 % du PIB, contre 17 % avant l'indépendance[97]. La plupart des entreprises sont acculées à la faillite. En réalité, le Zaïre de Mobutu – qui souffre d'un cancer de la prostate – est dans le même état que son chef, atteint par une maladie incurable !

Le débat qui surgit sur la nationalité ne va rien arranger à cette situation déjà dégradée. Conformément à la tradition belge, la nationalité congolaise est « une et exclusive ». Le régime de Mobutu s'était toujours montré accueillant envers les allochtones hutus et tutsis, une hospitalité prise pour de la compromission et qui va contrarier ses relations avec une fraction de la communauté nationale, particulièrement dans l'est. À l'époque, tout le monde

---

[95] Ainsi, de 898 millions USD en 1990, l'aide versée chute à 132 millions de dollars en 1999.

[96] E. KENNES, « Le secteur minier au Congo : déconnexion et descente aux enfers », *L'Afrique des Grands Lacs*. Annuaire 1999-2000, Paris, L'Harmattan, 2000, pp. 305-348.

[97] Source : *La documentation française.*

spécule sur le projet tutsi de détachement du Kivu du Congo, en vue de créer la « République des Volcans » dominée par les Tutsis, assurant la fusion avec l'Ouganda et le Rwanda-Burundi[98]. Ainsi serait concrétisé le vieux fantasme de l'empire « Hima », c'est-à-dire de la domination de ce groupe ethnolinguistique comptant environ 160 000 membres localisés dans l'est de la République démocratique du Congo, en particulier en Ituri, région de la province orientale, et également présents en Ouganda et au Rwanda. Or, c'est dans ce contexte de psychose ambiante que le Parlement zaïrois adopte, en avril 1995, une série de résolutions statuant que tous les « Zaïrois d'origine rwandaise », particulièrement les Banyamulenge, ont dorénavant le statut de « réfugiés ». Ces résolutions laissent entendre que les Banyamulenge, ces Zaïrois tutsis d'origine rwandaise, ont acquis la nationalité zaïroise « de manière frauduleuse ». La nationalité zaïroise est désormais accordée à ceux qui peuvent prouver que leurs ancêtres vivaient au Zaïre avant 1885. Les autres perdent leurs droits de citoyens. En 1992-1993, 300 000 Kasaïens vivant au Shaba sont donc expulsés. Voyant leur nationalité, et par voie de conséquence leurs acquis fonciers contestés, les Banyamulenge (rwandophones) se sentent menacés. Beaucoup prennent les armes, s'organisent en résistance. À peu près partout dans la région du Kivu émergent des « mutuelles ethniques » : structures d'entraide et d'autodéfense. Elles exacerbent les affrontements claniques. Les incidents sanglants sont légion dans les deux sites économiques stratégiques : le Masisi (1991, 1993) et Walikale (1992). Déjà, l'opinion publique s'insurge contre le comportement des forces armées zaïroises, dont les officiers ne s'interdisent pas de vendre

---

[98] P. JACQUEMOT, « Ressources minérales, armes et violences dans les Kivus (RDC) », *Hérodote* 2009/3 (n° 134), p. 46.

armes et munitions aux rebelles, contribuant ainsi à l'entretien de la violence à laquelle ils étaient censés mettre fin. Du fait de cette défaillance, les milices autochtones se mobilisent à leur tour, se donnant le nom ethnique de Maï-Maï (« invulnérables »).

Il convient de rappeler que cette période correspond à celle de « l'échec du Rwanda » marqué par le génocide. C'est dans cet esprit, mais non dépourvu d'arrière-pensées, que les pays voisins du Congo lancent ce qu'ils ont appelé « l'initiative régionale », en vue d'éviter d'autres Rwanda. C'est donc un motif ethnopolitique et celui du refus de Mobutu d'accorder ou de conserver la nationalité zaïroise aux Banyarwanda[99] qu'utilisent le Burundi, le Rwanda et l'Ouganda pour justifier leur intervention en RDC. Ainsi, en 1996, l'Ouganda (Yoweri Museveni), le Rwanda (Paul Kagamé) et le Burundi (Pierre Buyoya), appuyés par les États-Unis font appel à Laurent-Désiré Kabila pour la succession de Mobutu. Sur le terrain, à partir de 1996, l'Alliance des Forces Démocratiques pour la libération du Congo (AFDL) dirigée par Laurent-Désiré Kabila entame le combat contre le régime de Mobutu et l'oligarchie militarisée. C'est le début de la « première guerre du Congo[100] », entamée dans le Kivu en septembre 1996. Aucune nouvelle intervention française afin de « sauver le soldat Mobutu », n'est possible. Après trois décennies de contrôle dictatorial, le système de Mobutu se retrouve tout nu, pour la première fois. Le désaveu de ses parrains occidentaux avait sonné le début de son déclin, en dévoilant ses ressorts cachés. Privé de ses secrets, le voici de moins en moins apte à surprendre ses adversaires, frappé lentement de paralysie. Il est renversé par les forces de Laurent Kabila en 1997,

[99] Hutus et Tutsis.
[100] Guerre dite « de libération ».

avec l'appui du Rwanda, de l'Ouganda, de l'Angola, du Burundi, de l'Érythrée et surtout l'appui militaire offert par l'administration américaine du Président Clinton.

Sur la période Mobutu, les avis restent partagés. D'aucuns lui attribuent tous les malheurs, même actuels, de l'ancien Zaïre. Rien d'étonnant si, aujourd'hui encore, usant d'un registre familier, certains Kinois (habitants de Kinshasa) répètent à l'envi qu'il leur plairait de trouver la tombe de Mobutu afin de la saccager, parce que celui-ci a « *fini* » (tué) le Congo-Zaïre. Pour d'autres, le régime Mobutu peut être considéré comme assurément nationaliste. Il n'aurait pas consenti aux interventions étrangères tout le poids que leur confèreront ses successeurs. Dans tous les cas, en comparaison avec ses continuateurs, la dictature centralisatrice de Mobutu peut être considérée comme un frein à l'exploitation désordonnée des ressources naturelles tels le cobalt, l'or, le diamant, le colombo-tantalite, le pétrole. De plus, l'empreinte d'acteurs externes dans le secteur des ressources naturelles était moins ostentatoire qu'elle ne le sera dans les années qui suivent.

B. Le « lumumbisme » : alibi de la prédation militarisée de l'ère post-Mobutu ?

Virulent contre Mobutu qu'il contraint à l'exil, le nouveau pouvoir qui s'installe à Kinshasa marque le *« retour des lumumbistes, ces vaincus de l'histoire que Mobutu avait chassés du pouvoir en 1960 »*[101]. Ancien compagnon de Patrice Lumumba ayant survécu grâce à la guérilla et à divers trafics[102], Laurent-Désiré Kabila surnommé

[101] C. BRAECKMAN, *op.cit.*, p. 73.

[102] La rumeur populaire affirme que Kabila, dans son maquis de Fizi Baraka situé au bord du lac Victoria exportait l'or qu'il récoltait dans la région vers la Tanzanie. Le produit de ces ventes rendait possible la survie de sa bande de révolutionnaires.

« LDK », le « maquisard » se réclame de l'héritage du père de l'indépendance : Lumumba ! En réalité, il s'agit d'une manœuvre tactique dont le dessein est de prendre à contre-pied l'idéologie mobutiste. Cette dernière s'était en revanche acharnée à effacer les éléments essentiels de la pensée du héros de l'indépendance.

1. *Rappel historique : Il était une fois Lumumba....*

Sur Lumumba, des pages blanches ont été noircies, des mises en scène orchestrées ! Toutefois, l'impact sur le pays de l'idéologie du père spirituel de la nation congolaise est unanimement reconnu comme considérable. Le premier « héros national » demeure, avec Joseph Kasavubu, l'une des principales figures de l'indépendance du Congo belge[103]. Un examen soutenu du parcours de Lumumba révèle que celui-ci n'a d'intérêt que parce qu'il se confond avec celui du Congo-Zaïre et fait ressortir la prééminence des ressources naturelles dans les évolutions historiques de l'actuelle RDC.

Patrice Émery Lumumba naît le 2 juillet 1925, à Onalua (Kasaï oriental, Congo belge), dans une famille paysanne, sous le patronyme de : Isaïe Tasumbu Tawosa. Les gens de son village l'appellent « *Om'ote len'eheka* » (« grosse tête qui prédit le futur »). Comme le relève Jean Omasombo Tshonda « *Lumumba survient comme un devin imprévu qui prend de court à la fois un pouvoir colonial faible et sans vision d'avenir et une petite élite congolaise non préparée (Mutamba 1998). On connaît désormais son histoire personnelle et on sait qu'il n'a pas suivi le cursus scolaire consacré, ni celui de la plupart des évolués. Il n'a pas été un des « fils favoris » d'un des groupes ethniques*

---

[103] Patrice Lumumba, *Le Congo, terre d'avenir est-il menacé ?*, Ganshof Van der Meersch, Bruxelles, mai-juin 1960, pp. 235-244, réédité en 1991.

qui dominent la vie politique congolaise à la veille de la décolonisation. C'est parce qu'« un vrai roi n'a pas de père » disent les Akans ».[104]

Ce récit retranscrit fidèlement le cursus de Lumumba. Ce dernier quitte l'école catholique de son village. Il s'enfuit à Kalima dans le Maniéma, où il est chargé de gérer la cantine scolaire. Accusé de détournement d'argent (il reconnaîtra les faits en évoquant l'extrême modicité des salaires), le jeune Émery part pour Stanleyville, la capitale provinciale. Avant cela, le jeune Isaïe change de nom. Il se revêt d'un patronyme ayant marqué à jamais l'histoire de son pays : Patrice Émery Lumumba. Ce nom signifie littéralement en lingala « *poussé par la foule* ». Prémonition ou signe d'un avenir qu'il s'est choisi ?

Très rapidement, Patrice franchit toutes les étapes de la promotion administrative : employé comme « coupe-coupeur »[105] d'herbe au service de l'administration territoriale, puis engagé aux chemins de fer ; après avoir fréquenté l'école postale, il est engagé à la poste. Son ascension sociale et politique débute véritablement à ce moment ! En 1955, il effectue son premier voyage en Belgique. Le roi Baudouin, qui visite le Congo pour la première fois, s'entretient longuement avec celui que tous les Congolais ont surnommé « *Bwana Kitoko* » (le joli garçon). En 1956, il est emprisonné durant une année. Libéré par anticipation, il reprend ses activités politiques.

---

[104] J. OMASOMBO TSHONDA, « Enjeux nationaux : études de cas, Lumumba, drame sans fin et deuil inachevé de la colonisation », *Cahiers d'Etudes Africaines*, L'Harmattan, Paris, pp. 221-261. Voir également J. OMASOMBO TSHONDA, Benoît Verhaegen, *Patrice Lumumba, acteur politique, De la prison aux portes du pouvoir, Juillet 1956 - février 1960*, L'harmattan, Paris 2005, 410 p.

[105] Le coupe-coupe est une sorte de machette dont on se sert pour tailler l'herbe mauvaise.

Le jeune homme, à l'entregent extraordinaire, finit par diriger l'Association des Évolués de Stanleyville[106]. L'idylle avec les « évolués » de Stanleyville est de courte durée, ceux-ci le jugeant « trop agitateur », lui préféreront par la suite Antoine Lopes et Alphonse Songolo.

Lumumba achève au début 1957 un ouvrage intitulé « Le Congo, terre d'avenir est-il menacé ? ». On peut y lire : « *Le désir essentiel de l'élite congolaise n'est pas de méconnaître le bien réalisé, mais d'être belge et d'avoir la même aisance et les mêmes droits* ». En 1958, à l'occasion de l'exposition universelle, des Congolais sont conviés en Belgique. Contrariés par l'image peu flatteuse du peuple congolais véhiculée par l'exposition, Lumumba et ses compagnons politiques nouent des contacts avec les cercles anticolonialistes. Lors du premier rassemblement politique du Congo belge, le 28 septembre 1958, devant 7 000 Congolais, Lumumba déclare : « *L'Afrique est irrésistiblement engagée, pour sa libéralisation ; dans une lutte sans merci contre le colonialisme et l'impérialisme. (...) Le Congo ne peut être considéré comme une colonie ni d'exploitation, ni de peuplement et (...) son accession à l'indépendance est la condition sine qua non pour la paix.* »

Il crée, à Léopoldville, le 5 octobre 1958, le Mouvement national congolais (MNC). C'est à ce titre que Lumumba participe à la conférence panafricaine d'Accra, au cours de laquelle il revendique l'indépendance de son pays devant plus de 10 000 personnes. Au lendemain de la proclamation de l'indépendance (30 juin 1960), Lumumba prononce un discours dénonçant les abus de la politique

---

[106] À l'époque, il tient des propos élogieux sur Léopold II et la colonisation. Voir « La Passion de Lumumba » [archive], Politique, revue de débats, n° 65, juin 2010.

coloniale belge depuis 1885. Au lieu de s'adresser au roi des Belges (Baudouin) présent à la cérémonie, ayant prononcé un discours convenu et paternaliste, Lumumba commence son allocution par une salutation « *aux Congolais et Congolaises, aux combattants de l'indépendance…* ». Il souligne « *Nous avons connu les ironies, les insultes, les coups que nous devions subir, matin, midi et soir parce que nous étions des nègres… Nous avons connu que la loi n'était jamais la même selon qu'il s'agissait d'un blanc ou d'un noir* ».

Il fait valoir que l'indépendance marquera la fin de l'exploitation et de la discrimination et le début d'une ère nouvelle de paix, de justice sociale et de libertés. Il tient également les propos suivants : « *L'indépendance politique étant conquise, nous voulons maintenant l'indépendance économique. Le patrimoine national nous appartient (…) l'indépendance cadeau n'est pas une vraie indépendance, l'indépendance conquise est la vraie indépendance* ».[107] Son discours est celui d'un homme digne et fier ne se confondant pas en remerciements pour l'indépendance accordée quelques heures plus tôt aux Congolais. C'est une allocution, en rupture totale avec l'ordre colonial qui signe la perte de Lumumba. À partir de ce moment, Belges et Américains feront tout pour l'écarter du pouvoir, temporairement ou définitivement ! Patrice Émery Lumumba « premier » Premier ministre de la République démocratique du Congo de juin à septembre 1960, veut surtout rendre au peuple congolais ses richesses naturelles. Attaqué verbalement par le Président de la République Kasa-Vubu le 5 septembre 1960, Lumumba déclare trois jours plus tard devant le parlement : « *La*

---

[107] G. LIBOIS et B. VERHAGEN, *Congo 1960*, Tome 2, Centre de recherche et d'information sociopolitiques, Bruxelles, 1961, pp. 593-594.

Banque centrale belge a accaparé, non seulement notre argent, mais également nos réserves d'or... Le gouvernement vient annoncer que, si dans un délai de 15 jours, le gouvernement belge ne les restituait pas, nous confisquerons tous les biens appartenant aux Belges. »

Le 5 septembre 1960, le président congolais Joseph Kasa-Vubu révoque publiquement Lumumba et six de ses ministres nationalistes. Il remplace le premier le lendemain matin par Joseph Iléo. Lumumba dénonce cette mesure anticonstitutionnelle. Il déclare qu'il restera en fonctions. Le conseil des ministres et le Parlement votent une motion de maintien et répliquent à leur tour par la destitution de Kasa-Vubu, sous l'accusation de haute trahison. Lumumba appelle à Léopoldville une partie des troupes de l'ANC stationnées à Stanleyville et au Kasaï[108].

Le chaos est total, et profite bien entendu à Kasa-Vubu, qui jouit du soutien (notamment financier) de toutes les grandes puissances occidentales et des Nations Unies. Cependant, les représentants élus de la chambre et du sénat soutiennent Lumumba et lui accordent les pleins pouvoirs le 13 septembre 1960. Le 14 du même mois, un certain colonel Mobutu annonce la neutralisation des institutions politiques jusqu'à la fin de l'année et met en place un collège des commissaires, sous sa direction.

Lumumba est placé en résidence surveillée et coupé de sa base à partir du 10 octobre 1960. Il ne lui reste alors plus qu'à déplacer ses activités vers Stanleyville (l'actuelle Kisangani), où la population est entièrement acquise à sa cause et prête à en découdre. C'est de là qu'il espère reconquérir son pays et restaurer l'autorité légitime de son gouvernement. Les néocolonialistes savent que s'il atteint

---

[108] B. LABANZUZI, *L'Équation congolaise : visiter le passé afin de mieux s'armer pour l'avenir*, L'Harmattan, Paris, 2007, pp. 43-45.

Stanleyville, le peuple le suivra en masse et la partie risque d'être perdue. Il faut donc l'en empêcher à tout prix !

En chemin, son convoi est arrêté par le major Mpongo qui annonce : « *Le chef de l'État est fort indigné de votre conduite. Je ne suis pas venu pour vous arrêter mais pour vous faire rentrer à la capitale* ». Lumumba lui répond : « *Je sais que vous allez me tuer. Aujourd'hui vous écoutez Kasa-Vubu, Nendaka et Mobutu, mais après ma mort, ils deviendront vos ennemis. Je suis le Premier ministre, pourquoi devrais-je demander la permission à qui que ce soit pour me déplacer* ? » Malgré cela, Mpongo embarque son prisonnier[109].

Le 27 novembre, Lumumba fausse compagnie aux troupes de l'ONU et hommes de Mobutu et tente de gagner Stanleyville où l'attend une foule fébrile. Il est repris le 1er décembre, juste avant de traverser la rivière Sankara, dernier obstacle avant l'objectif en vue. Il tente encore de s'évader et de se mettre sous la protection des casques bleus, mais ceux-ci lui annoncent qu'ils n'ont pas pour mission de le protéger. Il est capturé par les soldats congolais et se voit enfermé dans un camp militaire près de Léopoldville (aujourd'hui Kinshasa). Le 2 décembre, Lumumba, les mains liées et le corps meurtri par les mauvais traitements, arrive à l'aéroport de Ndiki (Kinshasa). Il est conduit à la résidence de Mobutu qui ordonne en premier lieu de l'emprisonner au camp de Binza.

Du fait de sa popularité, Lumumba même fait prisonnier par la volonté de ses adversaires, demeure une épée de

---

109 J.-P. RORIVE, *Les Secrets de l'affaire Lumumba*, Ed. Racine Lannoo, Paris, 2004, pp. 12-15.

Damoclès pour Léopoldville, Bruxelles et Washington. Il faut donc s'en débarrasser avant que le tribun ne parvienne à renverser la situation en sa faveur et ne revienne aux affaires. Rien de plus astucieux pour Mobutu que de « l'envoyer » à ses pires ennemis : Kalonji, « empereur » à Bakwanga ou à Moïse Tshombé à Élisabethville. La deuxième alternative sera retenue *in extremis.* Cette crapulerie a pour objectif de laisser les Congolais « s'occuper » de Lumumba, sans ingérence apparente étrangère.

Sachant qu'il allait mourir[110], Lumumba lance un ultime appel pour la libération du Congo dans sa dernière lettre à l'attention de sa compagne Pauline.

> « Je sais et je sens au fond de moi-même que tôt ou tard mon peuple se débarrassera de tous ses ennemis intérieurs et extérieurs, qu'il se lèvera comme un seul homme pour dire non au capitalisme dégradant et honteux, et pour reprendre sa dignité sous

---

[110] Lumumba évoque à plusieurs reprises sa mort imminente. Déjà, à la fin de l'année 1959, il mentionne l'éventualité d'une répression violente et même de sa propre mort, comme le confirme le discours de clôture du Congrès du MNC, du 28 octobre 1959 à Stanleyville : « La *Belgique va nous tuer, par des balles. Ce n'est rien ! Et ça sera au nom de la religion et de la civilisation qui condamnent l'esclavage, que la Belgique va nous tuer demain. Et alors, soyez forts ! Soyez optimistes ! Ayez conscience de votre dignité et la conscience de votre personnalité. Songez à vos parents qui sont morts, songez à ces frères, victimes de la colère, qui souffrent sous l'oppression colonialiste. Ce pillage colonial, la spoliation, des brimades de tous les jours, et vous acceptez ça !* » Sur l'éventualité de sa mort, Lumumba établit lui-même par avance le niveau de responsabilité. Le 10 octobre 1960, lorsqu'il reçoit le billet l'avertissant que les soldats de Mobutu le recherchent, Lumumba déclare : « *On veut me tuer. Je mourrai comme Gandhi. Si je meurs demain, c'est qu'un Blanc aura armé la main d'un Noir. J'ai fait mon testament. Le Peuple saura que je me suis offert en otage pour sa libération* ».

un soleil pur. Nous ne sommes pas seuls. L'Afrique, l'Asie et les peuples libres et libérés de tous les coins du monde se trouveront toujours aux côtés de millions de Congolais qui n'abandonneront la lutte que le jour où il n'y aura plus de colonisateur et leurs mercenaires dans notre pays. À mes enfants que je laisse, et que peut-être je ne reverrai plus, je veux qu'on dise que l'avenir du Congo est beau et qu'il attend d'eux, comme il attend de chaque Congolais, d'accomplir la tâche sacrée de la reconstruction de notre indépendance et de notre souveraineté, car sans dignité il n'y a pas de liberté, sans justice il n'y a pas de dignité, et sans indépendance il n'y a pas d'hommes libres. Ni brutalités, ni sévices, ni tortures ne m'ont jamais amené à demander la grâce, car je préfère mourir la tête haute, la foi inébranlable et la confiance profonde dans la destinée de mon pays, plutôt que vivre dans la soumission et le mépris des principes sacrés. L'histoire dira un jour son mot, mais ce ne sera pas l'histoire qu'on enseignera à Bruxelles, Washington, Paris ou aux Nations Unies, mais celle qu'on enseignera dans les pays affranchis du colonialisme et de ses fantoches. L'Afrique écrira sa propre histoire et elle sera au nord et au sud du Sahara une histoire de gloire et de dignité. Ne me pleure pas, ma compagne. Moi je sais que mon pays, qui souffre tant, saura défendre son indépendance et sa liberté. Vive le Congo ! Vive l'Afrique ! »

C'est d'ailleurs à la suite de cet appel, que trente-six ans plus tard, le peuple congolais soutiendra le mouvement de libération de Laurent-Désiré Kabila, comme il l'avait déjà fait pour son autre compagnon : Mulele.

Depuis lors, la responsabilité officielle de la Belgique dans le meurtre de Lumumba est établie de manière certaine. Dans son ouvrage, « *L'assassinat de Lumumba* », Ludo de Witte s'appuie sur les témoignages personnels et des télégrammes diplomatiques. Ces documents révèlent que M. Pierre Wigny, ministre belge des Affaires étrangères de l'époque et M. Harold d'Aspremont Lynden, en charge du portefeuille des Affaires africaines, ont encouragé le transfert à Elisabethville de Lumumba et ses compagnons. Or, les Belges savaient parfaitement que les sécessionnistes Moïse Tshombé et Godefroid Munongo avaient juré de les tuer[111]. C'est la CIA qui aurait prêté un hélicoptère à Mobutu pour traquer le premier ministre en fuite. Rattrapé, ce dernier est envoyé au camp militaire de Thysville. Suite à de fortes pressions du ministre belge des Affaires africaines H. d'Aspremont Lynden sur Tshombé, Lumumba, Mpolo et Okito sont livrés aux Katangais le 17 janvier 1961 par Mobutu et Kasa-Vubu.

Ils y retrouveront non seulement les « Bantous » Tshombé, Munongo et cie, mais aussi les Officiers belges de

---

[111] L. DEWITTE, *L'assassinat de Lumumba*, Karthala, Collection Les Afriques, 2000, 412 p. Cf. Site : www.bibliomonde.com/livre/assassinat-lumumba--2587.html. « En 1999, le sociologue flamand Ludo de Witte, rédacteur au parlement flamand, remet le dossier sur le tapis, démontrant la responsabilité de la Belgique et des États-Unis dans l'assassinat du héros du nationalisme congolais. Le roi Baudouin lui-même, devant qui Lumumba avait prononcé un sévère réquisitoire le jour de l'indépendance, le 30 juin 1960 à Kinshasa, en sort éclaboussé» (Extrait d'un article de Olivier Badibanga, *Afriqu'Info*, 1999).

l'assistance belge au Katanga. Le 17 janvier 1960, le calvaire des nationalistes révolutionnaires commence à Léo. « Lumumba, déjà torturé dans l'avion (l'équipage se bouchait les oreilles et avait fermé la porte de communication avec la partie réservée aux passagers) »[112]. La « boucherie » s'achèvera non loin de l'aéroport d'Elisabethville. Lumumba meurt le soir même, en même temps que ses compagnons Joseph Okito (vice-président du Sénat) et Maurice M'polo (Ministre de la jeunesse et des sports). Tous ont été assassinés par des Congolais, mais aussi des Belges[113]. Et ce, sous les yeux de Tshombé, Unongo et Kibwé.[114]

En 2001, un rapport de la chambre des représentants de Belgique[115], publié à l'issue de dix-huit mois d'investigation, conclut à la responsabilité conjointe de trois groupes d'acteurs : les autorités kantagaises (Moïse Tshombé et les siens : leaders de la province sécessionniste), les autorités de Léopoldville (l'ancien président Kasa-Vubu et Mobutu), mais aussi les responsables belges de l'époque : le ministre des affaires étrangères Pierre Wigny, le ministre des affaires africaines Harold d'Aspremont Lynden. Le roi Baudouin, devant qui Lumumba avait prononcé un sévère réquisitoire le jour de l'indépendance, le 30 juin 1960, à Kinshasa, en sort tout autant éclaboussé. Averti du complot, il omit d'en

---

[112] C. BRAECKMAN, *op. cit.,* p. 82.

[113] Extrait d'un article d'A. BOMPERE publié dans le journal *CongoVision* en 2000.

[114] Rapport de la Commission d'enquête de l'ONU, Assemblée Générale A-4964, S-4976, *Chronique Politique étrangère*, 15, 4-6, pp. 675-696.

[115] Chambre des représentants de Belgique, *Enquête parlementaire visant à déterminer les circonstances exactes de l'assassinat de Patrice Lumumba et l'implication éventuelle des responsables politiques belges dans celui-ci,* Doc 50 0312/006, 16 novembre 2001.

informer le gouvernement et négligea la prise de contre-mesure pour empêcher la tragédie.

Les conclusions du rapport de la Chambre des Représentants de Belgique soulèvent l'indignation du monde entier. Les ambassades de Belgique à Djakarta et du Caire sont incendiées par des émeutiers en colère. Le ministre belge Louis Michel, s'exprimant devant le parlement, formule des excuses à un double titre : personnel d'abord puis en qualité de membre de gouvernement. Ludo de Witte estime que « la *Belgique devrait officiellement présenter des excuses à la famille de Lumumba et au peuple congolais et qu'elle devrait, pour se faire pardonner, baptiser une place de Bruxelles du nom du héros nationaliste congolais* »[116].

En définitive, l'assassinat de Patrice Lumumba en janvier 1961, s'explique moins par un conflit réel avec les Belges, que du fait de son panafricanisme exacerbé, et de sa volonté de réappropriation congolaise des ressources naturelles, contraire aux intérêts des acteurs en présence. Ce meurtre est le prologue d'une campagne d'extermination des autres leaders nationalistes. Néanmoins, cette vague d'assassinats ne marque pas la fin de l'idéologie « lumumbiste ». Bien au contraire, la persécution et la calomnie des agents du système Mobutu en font un martyr ! Des groupes lumumbistes s'établissent dans le monde entier, notamment dans les provinces de l'est et du Kwilu, entrant en rébellion avec l'État central. Dès fin 1960, Antoine Gigenza, un lumumbiste s'établit à Stanleyville (Kisangani). Le mythe a été dans une certaine mesure instrumentalisé par ses successeurs, au moment de l'histoire où le Congo, bien malgré lui, se trouve être l'un

[116] Extrait d'un article en ligne d'O. BADIBANGA, *Afriqu'Info*.

des enjeux de la fin de la guerre froide. Ainsi, paraît Laurent-Désiré Kabila.

2. *Kabila I (Laurent-Désiré Kabila) : le « partage » des ressources naturelles et la Deuxième guerre du Congo*

Arrivé au pouvoir le 17 mai 1997, le « chef rebelle »[117] Laurent-Désiré Kabila, ancien compagnon de Lumumba dont il se réclame[118], prête serment comme président le 29 mai de la même année. À l'instar de Mobutu qui avait rebaptisé le pays consécutivement à sa prise de pouvoir, LDK change l'appellation du pays en « République démocratique du Congo ». À l'instar de Mobutu, Kabila se réclame héritier de l'idéologie de Lumumba. Sa prise de pouvoir en mai 1997 fait d'ailleurs croire un moment à certains, à la victoire du Lumumbisme. Pourtant, chez LDK l'appropriation du mythe de Lumumba qui s'opère par l'institutionnel et le politique, ne va pas au-delà du discours. Elle relève plutôt d'une stratégie de légitimation de la conquête/conservation du pouvoir. Accédant à la tête de l'État, Kabila évoque solennellement, à plusieurs reprises, le « héros national » Lumumba. Mais, tout en intégrant au pouvoir certaines personnalités se réclamant de l'héritage de celui-ci, il prend soin de ne pas nouer d'alliance privilégiée avec ceux qui prétendent ramener le régime au Lumumbisme.

Sur le plan économique, l'idéal de celui qu'on surnomme LDK ne paraît pas excessivement patriotique. Bien avant

[117] LDK est le coordinateur d'un mouvement composé de rebelles banyamulenge (après la crise au Sud-Kivu du 13 octobre 1996) et d'opposants de tous bords à Mobutu par ses protecteurs du Rwanda, Ouganda et Burundi. Le mouvement constitue l'Alliance des Forces Démocratiques de Libération du Zaïre (AFDL).

[118] Lorsqu'il est question d'éveiller le sentiment patriotique au Congo, le nom de Lumumba est régulièrement évoqué.

son accession au pouvoir, Kabila avait acquis des financements grâce à des contrats douteux passés avec des compagnies minières occidentales. Ceux-ci concernaient les concessions diamantifères du Kasaï, d'or du Kivu et du Haut-Zaïre, de cuivre, cobalt et manganèse du Shaba. Pendant la guerre, ces ressources naturelles ont joué un rôle critique. Les forces gouvernementales et leurs alliés, aussi bien que les armées rebelles, ont utilisé l'exploitation de différentes ressources pour financer le conflit[119]. LDK « promet » ainsi à ses « parrains » de l'AFDL de les « récompenser » de leur soutien grâce aux richesses du Kivu et de l'Ituri, une fois la prise de pouvoir effective. De la sorte, les richesses géologiques sont utilisées comme un trésor monnayable à l'avance, sorte de « dépôt de garantie » pour obtenir des soutiens militaires. Cette pratique ne tient compte ni des intérêts nationaux ni de la préoccupation d'un contrôle étatique sur la gestion des ressources. Elle suscitera de nombreuses inimitiés à Kabila, devenu Président lorsqu'il dénoncera plusieurs contrats passés avec des compagnies étrangères.

L'ère de LDK est celle de la criminalisation, la militarisation, d'une logique de prédation des ressources naturelles ayant pour but d'alimenter des trafics. Cette époque postmarxiste se forge pourtant en faveur d'une classe dominante, les anciens rebelles au pouvoir et au détriment de groupes « dominés », c'est-à-dire invariablement les populations civiles. En effet, les civils ne bénéficient plus de l'exercice des fonctions classiques de l'État (assurer le bien-être de sa population par des institutions souveraines dans des conditions de sécurité satisfaisantes) et subissent les revers d'une exploitation

---

[119] S. GEENEEN et S. MARYSSE, « La fin des diamants du sang : un futur brillant pour les diamants du Congo », *L'Afrique des Grands Lacs*, Annuaire 2007-2008, L'Harmattan, Paris, p. 334.

des ressources naturelles à des fins prédatrices[120]. C'est ainsi que les ressources naturelles contribuent à l'aggravation de violences sociales. Dans ce contexte, l'économie minière zaïroise décentralisée devient « l'affaire de chacun ». Le régime se lie à des potentats locaux et à des hommes d'affaires présents dans les villes de Goma, Bukavu et Kisangani. Ces derniers se transforment progressivement en chefs de guerre, comme l'avaient fait avant eux les généraux de Mobutu. L'histoire se répète indéfiniment ! Les zones occupées par les alliés de LDK sont systématiquement dépouillées de leurs ressources pour financer la guerre. Ceci éclaire sur le lien entre les deux éléments. Les ressources naturelles ont permis le financement de la guerre par des moyens détournés en s'arrimant à un environnement permissif pour les divers trafics.

Dans ces circonstances, l'occupation de certaines régions riches en minerais par des forces étrangères est aisée. Sur la partie ouest, les forces progouvernementales contrôlent le centre et le sud. Le Rwanda exerce son influence sur le Maniema, le Sud-Kivu, une grande partie du Nord-Kivu et de l'Ituri, le nord du Shaba et quelques zones du Kasaï oriental, contrôlant ainsi le « coltan », et quelques gisements de diamant. Enfin, les ressources importantes en or et diamant de l'Équateur, du Nord-Kivu et de l'Ituri sont sous contrôle de l'Ouganda. Le diamant va d'ailleurs remplacer le cuivre dans les exportations, confirmant la dérive mafieuse avec une baisse significative des métaux dans le total des exportations officielles.

Le Kivu du sud, le Maniema et le Kasaï oriental se retrouvent donc sous contrôle étranger. (Or, cette portion représente presque la moitié du territoire national). Ces

---

[120] David Luks et Stephen Riley, « 16s politics of economic decline in Sierra Leone », *The Joumal of Modern African Studies*, 27, 1989, pp. 133-141.

territoires sont désormais gérés par l'Ouganda et le Rwanda, comme des protectorats mis à leur disposition. Des colonies de peuplement tutsies semblent s'y constituer et, selon des associations locales, un plan secret prévoirait une réduction des populations autochtones bantoues. En plus du Rwanda, de l'Ouganda, de l'Angola, du Zimbabwe et de la Namibie, plusieurs autres pays participent directement ou indirectement dans le conflit au Congo-Kinshasa : le Burundi, le Tchad, le Soudan et l'Érythrée[121].

Les stocks de minerais, mais aussi de café, de bois, le bétail et les fonds se trouvant dans les territoires conquis sont transférés vers les pays alliés ou bien exportés sur les marchés internationaux par les « hommes forts » de la rébellion. C'est l'époque de la mainmise des lobbies militaro-commerciaux rwandais et ougandais sur les ressources naturelles des zones qu'ils contrôlent. Les stocks de cassitérite de la Sominki (Société minière industrielle du Kivu) servent à financer l'effort de guerre de l'AFDL. Leurs activités ne se limitent pas seulement à l'exploitation minière, mais ont également trait à l'importation de produits pétroliers. Il s'agit entre autres de biens tels que les cigarettes et le Mandrax (Quaalude) en provenance d'Inde et à destination de l'Afrique du Sud,

---

[121] La France, pour sa part, a été accusée d'apporter une assistance alimentaire aux rebelles sous forme « d'aides humanitaires » et les États-Unis, de leur côté, de former les militaires rwandais, ougandais et rebelles, auxquels ils apportent une aide logistique et financière. Enfin, l'Afrique du Sud est accusée d'assurer un appui militaire important au Rwanda et aux rebelles du Congo, et d'assumer la réparation des appareils militaires d'origine sud-africaine. Pour bien des observateurs, la présence des 40 000 soldats angolais, zimbabwéens, namibiens et tchadiens (sans oublier l'appui logistique de la Libye) aux côtés des Congolais n'était pas sans rappeler celle des soldats français, belges et marocains aux côtés des Zaïrois à l'époque de Mobutu.

servant à acheter armes et munitions pour poursuivre le combat au Congo. Pour les nouveaux potentats, la persistance de l'insécurité devient le moyen principal d'enrichissement[122]. De nombreuses compagnies minières et diamantaires occidentales, et en particulier originaires des États-Unis, du Canada et d'Israël, soutiennent le gouvernement de Kabila en échange d'accords commerciaux.

Le Congo oriental devient ainsi une niche commerciale, surtout pour le Zimbabwe, et un moyen d'enrichissement rapide d'hommes d'affaires proches de Robert Mugabe. À ce propos, la crédibilité de Kabila est sérieusement entamée quand celui-ci nomme, en 1998, le Zimbabwéen Billy Rautenbach, au poste de Président de la Gécamines, le fleuron de l'ex-Zaïre. Il le remplacera plus tard par le Belge Forrest. Un accord est négocié en 2001 entre le gouvernement de Kinshasa et la Société congolaise pour l'exploitation du bois (Socebo). Il permet aux officiers zimbabwéens d'exploiter une concession forestière de 330 000 km^2[123]. Au final, du moins en matière de prédation économique, Kabila « le libérateur » n'est qu'un pâle émule de Mobutu. Comme lui, il s'appuie sur les figures familières de la corruption, du clientélisme et de l'impunité. Cependant, l'imprévisible LDK finit par vouloir se libérer de la tutelle encombrante de ses alliés, les invite à quitter le territoire. Ce changement de cap lui sera fatal ! Il est en effet trop tard pour faire valoir une « politique de préférence nationale ». La seconde Guerre du Congo éclate en 1998, suite à une tentative de coup d'État ourdie par les anciens alliés de LDK. Elle oppose d'une part le Rwanda, l'Ouganda et le Burundi à la RDC

---

[122] P. JACQUEMOT, « Ressources minérales, armes et violences dans les Kivus (RDC) » *Hérodote* 2009/3 (n° 134), p. 47.

[123] Source : ONU, 2003.

et d'autre part, ses nouveaux alliés : le Zimbabwe, la Namibie et l'Angola, lesquels reçoivent à leur tour une promesse d'accès aux ressources minières en échange de leur soutien.

Le Congo se retrouve sous une double tutelle : celle des nouveaux alliés de LDK et celle du Rwanda qui, par le biais de son bras armé local, le RCD-Goma, continue de prélever les ressources des Kivu (20 millions de dollars par mois transférés vers Kigali en 1998). Entre 1998 et 2000, afin d'entretenir une armée forte de 40 000 hommes, le RCD-Goma contraint chaque comptoir d'échange opérant sur le territoire qu'il contrôlait à lui verser 15 000 dollars en contrepartie d'un permis de douze mois. La cupidité des Rwandais et Ougandais est telle qu'ils en viennent même à batailler férocement entre eux en août 1999. Ces combats qui les opposent à Kisangani sont motivés par la volonté de contrôle des champs de diamants de la région[124]. L'ère des exportations du cuivre succède à celle du diamant. Néanmoins, la première ressource est peu porteuse de recettes fiscales puisque son commerce est partiellement dominé par les réseaux mafieux.

En dépit du processus de paix initié par les Accords de cessez-le-feu signés en juillet 1999 à Lusaka entre les sept pays impliqués et les rebelles du MLC et des deux RCD, les affrontements se poursuivent. Le 16 janvier 2001, le président Laurent-Désiré Kabila, le successeur de Joseph Désiré Mobutu, est assassiné dans des circonstances encore mystérieuses. Il aurait été abattu par Rachidi, un *Kadog*, un des enfants-soldats affectés à sa garde personnelle. Contre toute attente, ce meurtre a débloqué les négociations de paix[125].

---

[124] R. POURTIER, « Le Kivu dans la guerre : acteurs et enjeux », Cf. le site : http://echogeo.revues.org/10793.

[125] Dans un article du Monde diplomatique, 2001/4, « Guerre sans vainqueurs en République démocratique du Congo », Colette

3. *Kabila II : Aujourd'hui*

Après quelques jours de désarroi et de tension causés par la mort de Kabila Ier, le « Parlement provisoire » du Congo-Kinshasa choisit la « solution dynastique ». En conséquence, le 24 janvier 2000, le général major Joseph Kabila *Afande* (surnommé « commandant Joseph » ou Kanembé), fils « présumé »[126] du président assassiné accède au pouvoir en tant que « président de la République ». Cet inconnu de 29 ans est encadré par un « conseil de régence », structuré autour de trois cousins de son père et de deux beaux-pères paternels. Kabila II, né de mère tutsie rwandaise, parle plus aisément le swahili et l'anglais, que le lingala et le français. Il hérite d'un État fantôme divisé en trois zones occupées, où l'État n'existe plus qu'à Kinshasa. Dans son premier discours à la Nation, du 26 janvier 2001, le « plus jeune président du monde » évoque les « liens historiques » du Congo-Zaïre avec la Belgique, et appelle à « une normalisation des rapports avec la nouvelle administration américaine ».

Tout porte à croire à l'époque que le régime de Kabila II perpétuera celui de Kabila Ier, à l'instar de celui de

---

Braeckman évoque l'enquête sur les circonstances de la mort de Laurent-Désiré Kabila. Celle-ci survenue le 16 janvier 2001 à Kinshasa, est loin d'avoir livré tous ses secrets. Vraisemblablement tombé sous les balles d'un de ses gardes du corps, Rachidi, le président congolais a été victime d'une conspiration patiemment ourdie. Car le désespoir de l'enfant-soldat assassin, qui avait accompagné l'ancien rebelle depuis le Kivu et s'estimait mal récompensé de ses services, n'a été que l'instrument d'un dessein beaucoup plus vaste : depuis des mois, Laurent-Désiré Kabila était présenté par de nombreux protagonistes de la conflictualité congolaise comme le principal obstacle aux accords de paix de Lusaka.

[126] Une rumeur persistante affirme que Kabila II ne serait pas le fils « naturel » (biologique) de son père mais de l'un de ses plus fidèles adjoints, Adrien Kanambé, connu pour sa bravoure mais abattu pour fait de corruption.

Mobutu façonné à l'image de Léopold II. La disparition du *Mze (le sage) LDK* entraîne un retrait progressif des forces étrangères d'occupation, sous les auspices du Conseil de sécurité de l'ONU. À ce sujet, le président de l'Ouganda, un autre *Mze*, déclare au quotidien New Vision de Kampala : « *On ne peut éternellement se faire accuser de rester au Congo pour y voler de l'or* ! »[127]

Pourtant, déjà des prémisses laissent penser que Kabila II était condamné à un « devoir d'ingratitude »[128]. Au contraire de son père qui avait dénoncé les contrats passés avec les sociétés minières américaines durant la première guerre de libération, et qui avait tenté d'appliquer au Congo des paradigmes économiques hérités des ex-pays communistes, M. Joseph Kabila ouvre le pays à l'économie de marché. « Dès sa nomination, le 17 janvier 2001, M. Joseph Kabila, habilement conseillé, a immédiatement lâché du lest sur tous les points litigieux, s'engageant à appliquer toutes les dispositions des accords de Lusaka, à ouvrir le jeu politique et à organiser sans tarder le dialogue politique entre les Congolais. En échange, il a demandé aux troupes étrangères de quitter le pays et exigé le respect de l'intégrité territoriale et politique du Congo. Par ailleurs, les décisions d'ordre économique prises par le jeune président lui valent d'être fréquemment invité à Washington, Paris et Bruxelles : libéralisation des marchés de biens et services, des diamants, libre circulation des devises étrangères et du franc congolais. Par exemple, Joseph Kabila a annoncé la promulgation, dans les plus brefs délais, d'un nouveau code minier ainsi que d'un code des investissements »[129].

---

[127] Source Congo Visions 2001.

[128] C. BRAECKMAN, « Guerre sans vainqueurs en République démocratique du Congo », in *Le Monde diplomatique*, 2001. Op.cit. note 76.

[129] *Ibid.*

En juillet 2002, le président Joseph Kabila a effectivement ratifié le nouveau Code minier[130]. Pourtant, compte tenu de l'insignifiance de l'État de droit, le secteur minier paraît géré par les élites régionales. Il sert à financer des opérations politiques. BHP Billiton, première compagnie minière mondiale, a ouvert en juin 2006 des bureaux à Kinshasa. Ceci renforce l'attractivité du pays. L'investissement est d'ailleurs en hausse, même si les structures étatiques ne semblent pas avoir modifié leurs pratiques prédatrices[131]. Le pouvoir limité de Kinshasa a été illustré par des appels répétés et sans succès à la démilitarisation des sites miniers comme celui de Bisie dans le Nord-Kivu. Le Président a exigé le départ des militaires, qui n'a jamais eu lieu !

Pourtant, la RDC est « officiellement » en semi-paix depuis 2003. Les élections de fin 2006 ont imposé au Président trois ans de transition, c'est-à-dire de pouvoir partagé. Les élections de décembre 2011, bien que contestées par certaines fractions de la classe politique et par l'Église catholique, ont assuré le maintien de Joseph Kabila au pouvoir. Cependant, la période de « reconstruction » postconflit en RDC reste secouée par des violences sporadiques. Ces dernières ont surtout cours dans le nord et la partie orientale du pays. Dans une ville secondaire comme Bunia, située dans le nord-est du Pays, la violence milicienne ne s'est apaisée qu'en 2005. En 2007, une rébellion tutsie menée par le CNDP (Congrès National pour la Défense du Peuple) de Laurent Nkunda s'est muée en un mouvement politico-militaire, le plus puissant du Nord-Kivu. Ce dernier est ainsi parvenu à se constituer en armée dans l'armée, à étendre son emprise

---

[130] Présidence de la République, *Loi. n° 007/2002 du 11 juillet 2002 portant Code minier.*

[131] J. BAYART, *L'État en Afrique. La politique du ventre*, Fayard, Paris, 1989, 439 p.

dans les Kivu et à présenter des députés aux élections législatives ; et ce, alors que son chef actuel, Bosco Ntaganda, officier supérieur de l'armée est recherché par la Cour pénale Internationale et a été mis en cause dans une affaire de trafic d'or au début de l'année 2011. Ces événements rappellent qu'en RDC le brasier n'est jamais complètement éteint.

Depuis son arrivée au pouvoir, Kabila II reste confronté aux effets pervers d'une idéologie raciste et de l'ethnisme latent. Ce phénomène est exacerbé par les conditions d'exploitation discriminatoires des ressources géologiques. Le pays peut à tout moment suivre les traces du Rwanda, où 800 000 Tutsis ont été méthodiquement massacrés en 1994. Et Kabila II, comme Kabila I, peut à tout moment connaître son chemin de Damas, du fait de ses « liaisons dangereuses » avec le Rwanda et l'Ouganda voisins. L'impuissance de l'appareil étatique à enrayer la violence exacerbée par le contexte d'exploitation des ressources naturelles en RDC, incite à un examen du rapport entre ressources naturelles et perpétuation du conflit congolais.

1re Partie :

Les ressources naturelles comme vecteurs des conflits en RDC

Chapitre I.

L'exploitation des ressources naturelles : facteur de l'alimentation et la perpétuation des conflits armés en RDC

L'exploitation des ressources naturelles en République démocratique du Congo (RDC) a pris un caractère systématique avec la colonisation[132]. En revanche, c'est au cours de la période postcoloniale qu'elle a été « pervertie » par les conséquences négatives des visées économiques. Pourtant le Rwanda, l'Ouganda, le Zimbabwe et d'autres acteurs externes ont justifié leur intervention dans les affaires congolaises par des préoccupations sécuritaires et humanitaires tenant à la nécessité de protéger leurs ressortissants dans les zones frontalières. L'Angola a quant à elle, expliqué sa présence militaire à Kinshasa par la nécessité de priver les rebelles angolais de l'UNITA de leurs bases arrière proches de l'enclave pétrolière de Cabinda. D'autres, comme le Zimbabwe, ont invoqué le respect d'accords tels que le Pacte Commun de Sécurité des Membres de la Communauté de Développement de l'Afrique Australe.

---

[132] L'appropriation des ressources naturelles d'Afrique a été à partir de la fin du XIXe siècle un motif majeur de l'expansion des États européens et du partage du monde réalisé à Berlin en 1885. Dès le XXe siècle, le Congo (actuelle RDC) apparaît comme le lieu idéal pour une exploitation massive des minerais.

Cependant, derrière la façade des impératifs stratégiques, ou même d'un objectif désintéressé de soutien économique aux populations locales, un début d'exploitation illicite des ressources du Congo a vu le jour. Les conséquences ont été tellement néfastes qu'elles ont ravivé le spectre de la malédiction congénitale des ressources naturelles de RDC. La concomitance de zones riches de ressources et des conflits armés suscite des interrogations. Quelle est l'intensité du déterminisme naturel qui voudrait que les ressources du sous-sol mènent fatalement aux conflits ? Est-il possible de dire que la guerre est simplement motivée par la prédation des ressources naturelles ? Pour répondre à de tels questionnements, l'analyse juridique et économique du conflit semble utile. Néanmoins, celle-ci doit être complétée par une vision géopolitique d'ensemble.

Certes, les ressources naturelles ont vu leur importance croître dans la conflictualité congolaise, (notamment au cours des vingt-cinq dernières années). Vecteurs mais non causes exclusives de la guerre, lesdites ressources ont surtout prolongé le financement de conflits préexistants et permis l'autofinancement de nouvelles hostilités.

Étudier les enjeux posés par l'exploitation des ressources naturelles revient à apprécier si la prédation desdites ressources est le véritable et unique mobile des acteurs engagés en RDC. S'ils ont misé sur l'atteinte d'autres objectifs sur le plan militaire, les acteurs des conflits ont utilisé les ressources naturelles en vue du financement des crises par des moyens détournés (I). Toutefois, il faut admettre l'intrication d'autres facteurs et acteurs ayant aggravé la conflictualité en RDC (II).

I. DES CONFLITS FINANCÉS PAR L'EXPLOITATION DES RESSOURCES NATURELLES

À travers l'exemple congolais, il est question de repositionner l'implication de l'exploitation des ressources naturelles dans les antagonismes en RDC. Elle dérive de facteurs historiques, structurels (naturels et culturels) faisant de certaines richesses des « ressources conflictuelles » (A). En outre, le financement des conflits en RDC est rendu possible par le pillage et la prédation des ressources naturelles (B).

A. Panorama général des enjeux des ressources naturelles

Analyser les opérations de pillage et d'exploitation illicite nécessite de s'appesantir sur le concept de ressources naturelles (1), et de détailler les ressources exploitées (2). L'examen s'est cantonné à certaines ressources bien précises telles que le colombo tantalite, l'or, le cuivre, le cobalt, les diamants : autant de produits qui illustrent les formes actuelles de cette exploitation.

1. Les ressources naturelles de la convoitise :

a) Contenu de la notion

Bien que la notion de « ressources naturelles » ait déjà fait l'objet d'une définition préalable[133,] il convient de signaler qu'il s'agit de l'ensemble formé par la nature et les modes préindustriels d'exploitation de celle-ci[134]. Une description des principaux types de ressources naturelles est nécessaire :

- Les ressources agricoles, terres cultivables

[133] Voir la définition donnée dans le chapitre préliminaire.

[134] Cf. le site : www.larousse.fr/encyclopedie/divers/ressources_naturelles/87894#852195.

- Les réserves minières (métaux et autres ressources minérales), énergies traditionnelles (combustibles fossiles)
- Les ressources vivantes non agricoles (forêts, vie marine, etc.)[135]

Les ressources naturelles apparaissent, en d'autres termes, comme l'ensemble des substances formées par la nature et nécessaires à l'existence humaine. Le professeur hollandais George Elian entend par « ressources naturelles » :

« Toutes les ressources comme le pétrole, le gaz, les richesses minérales, les produits agricoles, les forêts, les cours d'eau (...) susceptibles d'être à la disposition des populations en vue de satisfaire leurs besoins. Les ressources naturelles ne sont pas toujours renouvelables, c'est la raison pour laquelle elles deviennent l'objet de compétitions farouches, elles évoluent en même temps que les populations et se transforment au gré des utilisations techniques. Plus on évolue vers le progrès technique, plus on emploie d'énergie sous des formes nouvelles qui nécessitent le recours à des denrées minérales. La révolution industrielle et l'explosion démographique qui

[135] L'accroissement démographique ainsi que les choix économiques et énergétiques des sociétés se répercutent sur les ressources naturelles, dont beaucoup ne sont pas renouvelables. Il existe des risques de surexploitation ou d'épuisement des ressources à court ou moyen terme.

l'a accompagnée ont impliqué un appel beaucoup plus marqué à l'utilisation des ressources minérales ».[136]

Il faut pourtant discerner cette première notion, de concepts parents tels que :

- « matières premières » : qui se subdivisent en produits de base[137] et en produits manufacturés ou industrialisés. Les matières premières supposent des modifications supplémentaires (des ressources naturelles), en vue de la commercialisation sur le marché mondial. Cette définition demeure imprécise dans la mesure où elle ne précise pas le degré de transformation *communément* exigé pour la vente sur le marché international.

- La notion de ressources est aussi liée à celle de « réserves », c'est-à-dire de ressources qu'il est possible de prélever sur une portion de territoire délimitée et protégées juridiquement. L'accroissement démographique ainsi que les choix économiques et énergétiques des

---

[136] G. ELIAN, *Le principe de la souveraineté sur les ressources nationales et ses incidences juridiques sur le commerce international*, Recueil des Cours, vol. 149 (1976), pp. 11-12.

[137] La Charte de la Havane (restée à l'état de projet) dans son chapitre VI, article 56 prévoit, au lendemain de la seconde guerre mondiale, une réglementation applicable aux produits de base. Elle énonce : « *L'expression produit de base s'entend de tout produit de l'agriculture, des forêts ou de la pêche, et de tout minéral, que ce produit soit commercialisé sous sa forme naturelle ou qu'il ait subi la transformation qu'exige communément la vente en quantités importantes sur le marché international.* » Cette définition n'est pas entrée dans le droit international économique positif, dans la mesure où ladite charte n'est pas entrée en vigueur. Toutefois, elle a été reprise à l'article XVI, section B2, dans les annexes de l'Accord Général sur les tarifs douaniers et le commerce (GATT, remplacée par l'OMC : Organisation Mondiale du Commerce).

sociétés se répercutent sur les ressources naturelles, dont certaines se renouvellent (produits agricoles, forêts). D'autres au contraire ont un cycle de formation pouvant couvrir des millions d'années (minerais, charbon, pétrole). Cet aspect a son importance dans le conflit congolais car il explique la compétition pour les ressources naturelles et les risques induits.

L'exploitation des ressources naturelles est influencée par son caractère non délocalisable. Ainsi, ces ressources sont inégalement réparties entre les différentes entités étatiques. En disposer est potentiellement un signe de développement socioéconomique. C'est pourquoi les ressources sont au centre de luttes de pouvoir au niveau national, régional et international. Les événements de la première Guerre Mondiale démontrent le caractère stratégique des ressources naturelles. La Société des Nations, en 1920, a d'ailleurs proposé de les « internationaliser » en vue d'une meilleure utilisation. Cette idée a été repoussée par certains États y voyant une atténuation de leur indépendance économique, nouvellement acquise.

b) Le principe de la compétence de la RDC sur les ressources naturelles

En devenant indépendants, les États africains ont conquis leur souveraineté économique et politique, ce qui suppose une pleine souveraineté sur les ressources naturelles. Le droit au développement a d'ailleurs pris en compte cette préoccupation. Toutefois, l'exercice par la RDC de ses attributs de souveraineté sur l'ensemble du territoire, en matière de ressources naturelles paraît fortement contrarié. La synthèse de l'additif au mémoire n° S/2001/1156 du gouvernement congolais sur le pillage systématique et l'exploitation illégale des ressources naturelles et autres formes de richesses, déposé auprès du Secrétaire général des Nations Unies[138], le confirme. Reprenant les dispositions de l'article 3, point 15 des accords de Lusaka, cet article énonce : « *Rien dans ces accords ne devra d'aucune manière nuire à la souveraineté et l'intégrité territoriale de la RDC.* »

Cette disposition se situe dans le prolongement de l'article 3 de la Charte de l'Organisation de l'Unité Africaine (désormais Union Africaine[139]) garantissant à tous les États membres leur droit à leur souveraineté et à leur intégrité territoriale. De même, l'article 2 de la Charte des droits et devoirs économiques des États sur leurs ressources naturelles prévoit que : « *Chaque État détient et exerce une souveraineté entière sur toutes ses richesses, ressources naturelles et activités économiques y compris la possession et le droit de les utiliser ou d'en disposer* ». L'exploitation des ressources naturelles de la RDC a été incriminée comme étant « illégale » par l'ONU et plusieurs ONG.

2. *Des ressources conflictogènes*

La République démocratique du Congo, surtout dans sa partie orientale forme une vaste zone nantie en ressources minières. Celles-ci représentent un enjeu particulier. D'ailleurs, le croisement de la carte géologique et minière de la RDC[140] avec les conflits fait ressortir le caractère conflictogène des ressources. Les principaux minerais exploités au Congo sont : le cuivre, le zinc et le cobalt, la

---

[138] *Ibidem.*

[139] L'avènement de l'Union africaine (UA) peut être considéré comme un événement majeur dans l'évolution institutionnelle du continent. Le 9.9.1999, les Chefs d'État et de gouvernement de l'Organisation de l'Unité africaine (OUA) ont adopté une déclaration, la Déclaration de Syrte, demandant la création de l'Union africaine.

[140] Voir le tableau p. 14.

cassitérite (minerai d'étain)[141], le coltan (minerai qui permet d'obtenir un métal rare : le tantale), le wolframite (minerai de tungstène), l'or, etc. Le sous-sol de cette région renferme également des gisements d'argent, de cadmium, mais surtout des concentrations d'or d'une teneur exceptionnelle. Cependant, l'examen se limite ici aux ressources naturelles illustrant les formes contemporaines d'une exploitation illicite. Il s'agit, entre autres, du Coltan (colombo tantalite), du diamant, du cuivre et cobalt, et de l'or.

a) Le coltan

Le terme « coltan » est une contraction du terme « colombo tantalite » : minerai contenant du peroxyde de tantale. Ce métal rare est reconnu pour sa solidité et sa résistance aux températures extrêmes et à la corrosion. Pilé, il mue en une poudre anthracite et raffinée, servant à la fabrication des puces utilisées dans les téléphones, les ordinateurs portables, ainsi que dans l'industrie aérospatiale (moteurs d'avions). L'enjeu géopolitique représenté par le coltan est considérable. Le coltan se retrouve en effet au cœur du conflit en République démocratique du Congo (RDC). Néanmoins, les réserves congolaises en minerai de tantale issu du coltan sont estimées à 450 000 tonnes, soit 80 % des réserves mondiales connues. C'est pourquoi la convoitise des pays voisins à l'égard de la précieuse ressource reste exacerbée. Pour ces raisons, ce minerai du groupe de l'étain a fait

[141] La cassitérite est un minerai de couleur grise ou jaunâtre dont on extrait l'étain, employé dans la fabrication du fer-blanc de divers emballages alimentaires, et surtout dans celle de circuits électroniques pour les équipements informatiques. Son extraction date de l'époque coloniale (années 1930). La cassitérite est très présente dans la province du Sud-Kivu, le territoire de Shabunda, le Nord-Kivu à Walikale et sur le plateau de Masisi.

l'objet d'une attention soutenue[142]. En outre, il se trouve en abondance dans le sous-sol du Kivu, notamment les territoires de Masisi, Walikale, Kalehe, etc. Cette situation lui vaut d'ailleurs d'être surnommé, « l'autre or du Kivu »[143]. Sur le plan historique, il a suscité des crises désignées sous le vocable de « *guerres du coltan* ». Il s'agit en réalité de guérillas rurales, dont la première a eu lieu dans les territoires Béni et Lubero. Les Maï-Maï et les forces du RCD s'y sont affrontées du 8 au 10 novembre 2000. La crise en résultant a fait passer le prix du coltan de 25 dollars à 80 puis à 120 dollars. Ce boom du coltan de 1999-2000 a suscité une ruée sans précédent vers cette région minière. La seconde « *guerre du coltan* » s'est déroulée du 29 février au 9 avril 2001. Les Maï-Maï se sont opposés aux Ougandais à Biambwe (ouest de la forêt équatoriale). C'est d'ailleurs à l'issue de ces crises liées au coltan que les organisations non gouvernementales (ONG) européennes ont lancé le slogan « *pas de sang sur mon GSM* ». Du fait de la difficulté à contrôler la légalité des opérations minières menées dans la région, plusieurs fabricants électroniques ont décidé de boycotter « officiellement » le coltan venant d'Afrique centrale, préférant s'approvisionner en Australie[144]. Par la suite, le

---

[142] Une étude a par exemple été réalisée par le Pole Institute Goma RD - Congo, intitulée : «*Le coltan et les populations du Nord-Kivu* », TEGERA (dir.), 2002, 59p.
Voir : http://www.pole-iiinstitute.org/documents/regards07.pdf .
Voir également : Amis *de la forêt et de l'Environnement pour le Développement Rapport général de l'étude sur l'exploitation artisanale des ressources minières en territoire de Walikale : Cas du Coltan. Goma* : AFED, 2007, 48 p.

[143] D. LANOTTE, *République démocratique du Congo : Guerres sans frontières*, Bruxelles, GRIP, août 2003, p. 124.

[144] www.leblogfinance.com/2006/10/minrais_dcouver.html [archive].

cours du coltan a dégringolé à 3 dollars le kilo (effet accentué par les campagnes de boycott[145]).

L'étude de la filière du tantale en RDC, réalisée par Christian Hocquard et Philippe Le Billon, met en lumière les procédés criminels utilisés par les grands groupes miniers, procédés qui ont des conséquences tragiques sur les populations[146]. Ces exploitations minières illicites encouragent le maintien d'armées étrangères au Kivu et mettent en péril l'écosystème forestier de la région. Ainsi, au nord-ouest de Goma, la société congolaise SOMIKIVU productrice de niobium (l'ancien columbium mélangé au coltan) a longtemps été contrôlée par le groupe rebelle RCD-Goma. Le rapport d'experts présenté en 2001 au Conseil de sécurité de l'ONU explicite de quelle manière les grandes quantités de ce minerai sont extraites du sol de la République démocratique du Congo. Elles sont ensuite transportées en contrebande, avec l'accord des entrepreneurs occidentaux, par les armées de l'Ouganda,

[145] En réponse aux campagnes de sensibilisation, suite aux recommandations du Groupe d'experts, un projet de loi a été déposé sur le bureau du Congrès américain en septembre 2001 afin d'interdire temporairement les importations de colombo tantalite depuis certains pays participant aux hostilités en RDC. Certaines compagnies américaines qui transforment et utilisent le tantale, comme Kemet et Cabot Corporation, ont par la suite annulé leurs commandes de colombo tantalite provenant de la région. Le Groupe d'experts a également confirmé que la société belge SOGEM, filiale d'UICORE (l'ex-Union minière) citée dans le rapport, a mis un terme, en novembre 2000, à ses relations avec son fournisseur, la MDM sprl, à Bukavu. Selon d'autres sources, cette baisse de la demande en coltan s'expliquerait aussi par le fait que les producteurs industriels ont souhaité prendre leurs distances avec ce que l'on a appelé, après la publication du rapport, le « *tantale du sang* ».

[146] *Ibid.*

du Rwanda, du Burundi[147]. Les disparités observées entre la production enregistrée de coltan de la RDC, celle de certains pays voisins comme le Rwanda[148], la Tanzanie[149] et leurs taux d'exportation, laissent penser que du coltan provenant de la RDC a été exporté de ces pays. Entre 1998 et 2000, l'armée rwandaise aurait ainsi récolté du trafic illégal de ce minerai la somme de 2,50 millions de dollars[150]. Le Groupe d'experts de l'ONU constate également qu'une grande quantité de coltan est transportée d'Ostende ou Anvers jusqu'à Hambourg[151]. De cette manière, le rôle joué par le coltan-tantale dans les conflits en RDC est un exemple particulièrement probant des interactions systémiques caractérisant l'économie globalisée actuelle[152].

b) Le diamant

Contrairement à la situation qui prévaut en Angola, au Liberia et en Sierra Leone, le diamant[153] est un enjeu permanent des conflits en République démocratique du

---

147 Les trois États mis en cause par le rapport de l'ONU ont nié leur implication dans le trafic du coltan.

148 Les statistiques fournies par la Banque nationale du Rwanda sur le volume annuel et la valeur annuelle des exportations de coltan, ne sont pas cohérentes. Cependant, la tendance générale que révèlent ces statistiques est que les exportations de coltan du Rwanda ont pratiquement triplé entre 1998 et 2000.

149 Le Gouvernement de la République Unie de Tanzanie et les autorités portuaires tanzaniennes ont également nié avec insistance que du coltan provenant de la RDC fût exporté par Dar es-Salaam.

150 Enquête de l'Observatoire des ressources naturelles en Afrique australe (SARW), citée par l'agence de presse associée (APA) - http://www.7sur7.be [archive] le 04/12/08.

151 Additif au rapport du Groupe d'experts sur l'exploitation illégale des ressources naturelles et autres richesses de la République démocratique du Congo.

152 C. SERFATI et P. LE BILLON, « Mondialisation et conflits de ressources naturelles », *Ecologie & politique*, 2007/1 n° 34, pp. 9-14.

153 Voir carte en annexe.

Congo. L'ensemble formé par le Kasaï, les zones du Bandundu frontalières de l'Angola et la région de Kisangani renferme 30 % des réserves mondiales de diamant. Ces gemmes sont l'une des principales richesses nationales[154]. Il convient de souligner que l'exploitation industrielle des diamants, notamment du Kasaï, date déjà du début du XXe siècle. Toutefois sur le plan politique, la « carte » du diamant fut surtout jouée par Mobutu dans la période 1965-1997. Les généraux de l'époque tirèrent des ressources substantielles du diamant et se transformèrent en « seigneurs des mines ». Une telle attitude prédatrice de la part des gouvernants a entraîné une période d'hyperinflation accélérée. La dégradation des infrastructures finit par réduire à néant les possibilités d'exportation des produits miniers et entraîna l'arrêt de la Gécamines et, par conséquent, l'informalisation des activités extractives[155].

Sous Laurent-Désiré Kabila, la RDC s'installe dans une économie de guerre et une logique de prédation à laquelle participent les différentes parties en présence. Au début de la guerre (1996/1997), Kabila acquiert un financement de ses troupes grâce aux contrats sur les concessions diamantifères passés avec des compagnies minières occidentales. Pendant la guerre, les diamants issus de l'exploitation artisanale dans le secteur nord de Kisangani sponsorisent les activités des groupes rebelles. L'Armée patriotique rwandaise, les Forces armées ougandaises, peuvent de la sorte poursuivre le conflit. Sur la partie

---

[154] La RDC ne figure pourtant pas dans les trois premiers pays africains producteurs de diamant, à savoir l'Afrique du Sud, le Botswana et la Namibie. Au début des années 2000, la production totale de diamants bruts dans la RDC, n'atteint plus que 10 % des capacités qu'elle avait en 1970.

[155] J.-F, ORRU et al., « Le diamant dans la géopolitique africaine », *Afrique contemporaine*, 2007/1 n° 221, pp. 173-203.

ouest, les forces progouvernementales contrôlent le centre et le sud, tandis que le Rwanda exerce son influence sur les gisements diamantifères du Maniema et du Sud-Kivu. Une grande partie des autres richesses du Nord-Kivu et de l'Ituri, du nord du Shaba et de quelques zones du Kasaï oriental attisent les hostilités entre les différents protagonistes. Les taux d'imposition élevés imposés au groupe rebelle du RCD-Goma et à l'Armée patriotique rwandaise ont entraîné une réorientation de l'exploitation du diamant dans ce secteur vers Kampala, où les taux sont plus bas.

Les données sur les exportations ougandaises de diamants confirment cette situation. De 1987 à 1996, aucune exportation de diamants par l'Ouganda n'a été enregistrée pour ce marché. Entre 1997 et 2000, les exportations d'Ouganda se situaient entre 2 000 et 11 000 carats, représentant des sommes pouvant atteindre 1,7 million de dollars par an. Une proportion importante de ces diamants se retrouve également en Afrique du Sud. Ces diamants sont ensuite acheminés vers des points de transit. D'après le Groupe d'experts des Nations Unies, la plupart des gemmes sont exportés vers les grands centres de commerce de diamants en Belgique, aux Pays-Bas, en Israël et au Royaume-Uni. Les centres plus petits (Maurice, en Inde et à Dubaï) recevraient une part infime[156].

Avec le processus de règlement pacifique du différend en RDC entamé en 2002, l'économie de prédation du diamant décline. Cette tendance est à rapprocher des initiatives prises afin d'enrayer le phénomène d'exploitation illégale du diamant en RDC. Ainsi un nouveau code minier du Gouvernement congolais, conçu avec l'assistance de la

---

156 *Ibid.*

Banque mondiale et du Conseil mondial du diamant, est approuvé en 2002. Ceci afin de permettre de trouver une solution au problème des lourdes taxes frappant les exportations de diamants, imposées par le Gouvernement et qui encouragent ce commerce illicite. De plus, le processus entamé à Kimberley prévoit un cadre réglementaire international visant à empêcher l'écoulement et le commerce des diamants issus des conflits par les circuits professionnels légitimes.

Toutefois, le diamant échappe toujours au contrôle de l'État congolais. L'exportation frauduleuse persiste. Il semble qu'il y ait de plus en plus d'exploitations diamantifères au Kivu depuis 2010. La même année, le Pole Institute révèle que dans la mine de Makania dans la région de Punia, des milliers de creuseurs abandonneraient les carrières de cassitérite pour le diamant[157]. Malgré cela, l'opinion publique y prête encore peu d'attention, considérant sans doute que le diamant est d'abord l'affaire des Kasaï, des zones du Bandundu frontalières de l'Angola et de la région de Kisangani.

c) L'or

L'essentiel de l'exploitation minière de l'est de la RDC est aurifère, notamment dans le territoire de Béni, dans les provinces du Kivu[158], du Maniema et de l'Ituri. Cette exploitation a un taux de rentabilité élevé, du fait d'un investissement en équipements peu coûteux. Le gisement de Kilo Moto, par exemple, est doté d'une réserve d'or évaluée entre 3 000 et 6 000 tonnes, et son exploitation

[157] Lettre datée du 29 novembre 2011, adressée au Président du Conseil de sécurité par la Présidente du Comité du Conseil créé par la résolution 1533 (2004) concernant l'exploitation des ressources naturelles de la République démocratique du Congo.

[158] Ainsi, la zone aurifère du Sud-Kivu comprend trois grands sites, Twangiza, Kamituga, Lugushwa qui forment, avec Namoya, situé au Maniema, le « sillon d'or » au sud-ouest de Bukavu.

génère un revenu de 100 millions de dollars par an. En 2007, sur ce volume, seuls 120 kg ont été exportés légalement. Autre exemple : le contrôle des réseaux aurifères, tant par le Rwanda que par l'Ouganda explique la concentration des conflits sur certains sites aurifères autour de Bunia, aggravés le plus souvent par les rivalités ethniques (Hema, Lendu, Nande). De plus, alors qu'officiellement l'Ouganda n'est pas un producteur notoire d'or et que le Rwanda en produit également une quantité infime, nul ne s'étonne des tonnes d'or en provenance de l'est du Congo exportées par ces pays[159]. De la sorte, la quantité d'or exportée de l'Ouganda (et du Rwanda) vers la Belgique est passée de 2,5 tonnes dans le milieu des années 80 à 4,5 tonnes en 1990. Actuellement, et malgré le retrait officiel de ses troupes, l'exportation facile par contrebande de l'or à partir de l'Ouganda, fait de ce pays la destination favorite pour des orpailleurs de la région. Sur le terrain, les réseaux de l'or restent entièrement contrôlés par des militaires et des importateurs privés ougandais ou rwandais. Après la période de confusion juridique des années de guerre « ouverte » (1996-2003), s'est mis en place un système de production et de commercialisation de l'or particulièrement opaque qui échappe très largement au contrôle des organismes d'État – mais pas à celui des détenteurs d'une forme ou d'une autre de pouvoir, qu'ils

[159] Par exemple, le taux d'exportation d'or de l'Ouganda, est supérieur à celui relatif à la production nationale. Cet or est transporté par des éléments des forces armées de l'Ouganda jusqu'à Kampala. L'or est ensuite vendu par le comptoir Victoria à Kampala, et est ensuite exporté à partir de cette ville. Le Gouvernement ougandais a remis en cause les constatations consignées dans le rapport du Groupe d'experts, attribuant l'augmentation de ses exportations d'or à la politique de libéralisation des ventes et des exportations d'or, adoptée en 1993, qui a permis aux orpailleurs ougandais de conserver les devises fortes résultant de ces ventes.

soient militaires ou civils. Le commerce de l'or qui est pratiqué dans le pays est rarement enregistré. En outre, la plupart des transactions se font dans les villes de pays voisins, telles que Kampala, Bujumbura, Nairobi ou Mwanza (République Unie de Tanzanie).

En 2012, les acteurs les plus actifs de la prédation des ressources en or seraient les Asiatiques. Entre 50 et 100 kg d'or prendraient quotidiennement la direction de l'Asie. Des Chinois et des Coréens ont d'ailleurs été expulsés par la police du territoire d'Ituri en raison de leur implication dans l'exploitation illégale de l'or[160].

d) Le cuivre et le cobalt

L'exploitation de cuivre et de cobalt existe depuis longtemps au Congo. Elle se pratique principalement dans la province du Katanga, qui concentre les plus vastes gisements de cuivre et de cobalt au monde. Dans l'ancien Katanga, les « croisettes » de cuivre servaient de monnaie pour l'Afrique centrale. C'est pourtant le rapport d'un Groupe d'experts du Conseil de sécurité des Nations Unies relatif à l'exploitation illégale des ressources naturelles en RDC d'avril 2001 (document S/2001/357) qui met en lumière l'importance de ces deux minerais. Celui-ci constate que : « *Le conflit en République démocratique du Congo est né essentiellement du contrôle et du commerce des ressources naturelles que sont le coltan, le diamant, le cuivre, le cobalt et l'*or. »

Le cuivre occupe une place considérable sur l'échiquier mondial. Il est ainsi le quatrième minerai le plus extrait au monde (après le charbon, le fer et la bauxite)[161].

---

[160] Journal « La Rédaction », du 16 mars 2012.

[161] Philippe Sibaud, *Opening Pandora's box: The New Wave of Land Grabbing by the Extractive Industries and The Devasting Impact on*

La production mondiale de cuivre croît d'environ 4 % par an[162]. Or, la RDC renferme 10 % des réserves mondiales de cuivre et 50 % des réserves mondiales de cobalt.

Les deux principaux caractères du cuivre sont sa grande conductivité et ses qualités calorifiques (capacité de dissiper la chaleur dégagée par les composants électroniques). Le cuivre est utilisé dans les lignes téléphoniques et autres réseaux de communication, mais aussi dans les puces, les transformateurs, connecteurs et commutateurs[163].

Pour ce qui est du cobalt, la production mondiale s'élève à 76 050 tonnes dont 27 % sont utilisés dans la fabrication des batteries (Nickel-Cadmium, Nickel-Métal Hybride et Lithium ion). Il est aussi présent dans les circuits intégrés, les résistors, les transformateurs et les condensateurs[164].

Le pillage du cuivre et du cobalt en RDC a été dénoncé à plusieurs reprises.

Outre le rapport du Groupe d'experts des Nations Unies, les critiques récentes de *Global Witness*[165], désapprouvent l'exportation illégale du cuivre et du cobalt de la République démocratique du Congo.

La désorganisation de l'industrie du cuivre et du cobalt date de l'ère Mobutu. Il lui est imputé l'effondrement de la

---

Earth, 2012, 56 p. Accessible ici: www.gaiafoundation.org/sites/default/files/Pandorasboxlowres.pdf.

[162] Alors que 10 millions de tonnes étaient produites à la fin des années 90, la production mondiale de cuivre a dépassé les 16 millions de tonnes en 2009.

[163] www.greenit.fr/article/juridique/la-course-aux-matieres-premieres-bafoue-les-droits-des-populations-locales-4313

[164] The *Cobalt Development Institute*. Site : /http://www.thecdi.com/.

[165] Global Witness est une ONG spécialisée dans la lutte contre le pillage des ressources naturelles (pétrole, bois, diamants) des pays en développement et la corruption politique qui l'accompagne. D'après les conclusions du Rapport du 14.12.2010, le rôle de l'armée congolaise dans le commerce des « minerais du conflit » doit être reconnu.

Gécamines qui fut la société minière phare de la République démocratique du Congo, entreprise d'État, détenant des concessions cuprifères. Elle aurait pour cause la « *zaïrisation* » de l'économie entreprise par Mobutu en 1974. La production qui représentait 70 % des recettes d'exportation du pays dans les années 70, ne dépassait pas un dixième seulement de sa capacité antérieure au seuil des années 90.
Toutefois le régime de Mobutu n'est pas le seul à avoir favorisé le pillage du cuivre et du cobalt. L'implication, à différentes époques, des groupes armés de tous bords et des forces de sécurité congolaises dans l'exploitation du cuivre et du cobalt afin de financer la violence et l'insurrection, est incontestable.

En 2010, une filière d'exportation illégale du cuivre et du cobalt de RDC à destination de la frontière zambienne, a été mise au jour par l'ONG *Global Witness*. Le cuivre et le cobalt originaires de RDC partiraient de Zambie vers l'un des quatre points de sortie du pays : Chirundu (en direction de l'Afrique du Sud via le Zimbabwe), Livingstone (en direction de l'Afrique du Sud via le Botswana), Nakonde (en direction de Dar es-Salaam en Tanzanie) et Chanida (en direction du port de Beira au Mozambique vers la Chine et d'autres pays d'Extrême-Orient). Cependant, une quantité significative de minerai est traitée dans les nombreuses fonderies implantées le long de la ceinture de cuivre zambienne. Selon les autorités du secteur des mines zambien, si une société basée en Zambie achète du minerai de cuivre ou cobalt en RDC en vue de le transformer, cette marchandise est par la suite considérée comme faisant partie de la production de cette société[166].

[166] Selon *Global Witness*, les statistiques du gouvernement zambien n'établissent aucune distinction entre la production nationale et les

Actuellement, la Chine est le plus gros importateur de cuivre et de cobalt en provenance de RDC. S'appuyant sur les données de l'ambassade de Chine en RDC, *Global Witness* indique que Pékin aurait importé du cobalt et du cuivre pour un montant s'élevant à 172 millions USD en 2005. En septembre 2007, un accord « ressources contre infrastructures » de grande ampleur a été signé entre deux entreprises publiques chinoises de travaux publics et la compagnie d'État productrice de cuivre de la République démocratique du Congo. L'accord, d'une valeur supérieure au budget de l'État congolais, est à l'époque le plus important de ce type.[167]

L'implication récente de la Zambie et de la Chine lève le voile sur les procédés équivoques de commercialisation des richesses du sous-sol congolais, où légalité et illégalité sont enchevêtrées. La plupart du temps, ces pratiques de pillage ne répondent bien évidemment pas aux attentes des populations.

B. Le pillage et la prédation des ressources naturelles du Congo.

Les ressources naturelles de la RDC ont attiré les convoitises de toutes les parties prenantes aux conflits régionaux (pillage par les forces armées rwandaises et ougandaises signalées par le premier rapport du panel d'experts des Nations Unies, conflits ethniques entre Hemas et Lendus liés à l'accès aux droits fonciers et de

---

produits extraits en RDC mais traités en Zambie. « Une grande quantité de minerai achetée par des sociétés en Zambie est exportée de la RDC en contrebande, mais ces importations en provenance de RDC ne peuvent plus être distinguées des minéraux zambiens une fois qu'elles ont atteint les usines de transformation zambiennes », révèle l'ONG britannique.

[167] *La Chine et le Congo : Des amis dans le besoin*, Un rapport de *Global Witness* sur la République démocratique du Congo, mars 2011.

pêche, etc.). À ce titre, le canal explicatif des conflits en RDC repose sur la vulnérabilité des ressources naturelles à la prédation par différents acteurs étatiques ou privés, dont les groupes armés en mal de financement.

Au départ, la prédation n'est pas présentée comme étant la première motivation du conflit. Des arguments sécuritaires sont utilisés par différents pays pour persuader la communauté internationale de leur bien-fondé. L'évolution qui se révèle en RDC dans les années 1990-2000 s'est enracinée peu à peu dans les altérations subies de façon universelle par l'*ethos* militaire, et, concrètement, dans l'exploitation de la guerre intérieure pratiquée par plusieurs armées africaines en vue d'un profit commercial. Cette prédation a pris une forme « militarisée » pendant les deux guerres (1996-1997 et 1998-2000). Ainsi un système d'exploitation a été mis en place par l'Ouganda et le Rwanda, basé sur une implication plus ou moins directe de l'armée dans la commercialisation des minerais. Cette situation renvoie au « commercialisme militaire »[168]. Ce terme usité par le Groupe d'experts de l'ONU et plusieurs ONG désigne l'usage de l'armée comme moyen permettant de générer des profits directs pour les élites politico-militaires de Kampala et Kigali issus du commerce des minerais. Cette implication des officiers des armées ougandaises et rwandaises dans le commerce des ressources naturelles est avérée.

[168] Expression inventée par IPIS. À la différence du commerce militarisé qui met en jeu tant les intérêts financiers que miniers en vue de mettre en échec des forces rebelles et monopoliser les ressources en minerais, le commercialisme militaire fait référence à la forte influence de considérations entrepreneuriales comme composante clé d'un déploiement des armées étrangères au Congo. Dans ce cadre, les ressources congolaises sont commercialisées au profit des « amis », ainsi qu'à des réseaux directs de clientèle, par le biais d'une activité militaire sur un territoire au sous-sol riche en minerais.

En substance, des forces étrangères ont pénétré au Congo lors de la première guerre et se sont aperçues du potentiel du pays. Elles ont pu en effet localiser les richesses du sous-sol et évaluer les bénéfices susceptibles d'être retirés de leur accaparement lors de la seconde guerre. Le Groupe d'experts a mis en lumière ce phénomène. Il a également été décrit par Julien Vandeburie[169] comme se déroulant en deux, voire trois étapes. La première phase de pillage des stocks existants de ressources naturelles se situe entre septembre 1998 et août 1999. Y succède une deuxième phase d'exploitation exogène, développée sur des structures préexistantes. Cette période correspond au pillage de tous les stocks de minéraux, produits agricoles, bois d'œuvre ainsi qu'à l'appropriation de l'argent et du cheptel se trouvant en territoire conquis. Une fois ces stocks épuisés, les forces d'occupation et leurs alliés passent à une ultime phase d'exploitation active des richesses du pays.

Les bandes armées se greffent sur les structures d'exploitation (légales) en utilisant des ressources (or et diamant, minerais à forte rentabilité) comme monnaies d'échange contre des armes qui transitent par des circuits parallèles. Des réseaux dirigés par des hommes d'affaires et des militaires participent à l'exploitation-pillage, facilitée par la fragmentation de l'appareil étatique et militaire.

En définitive, l'assassinat de Laurent-Désiré Kabila le 16 janvier est propice au réaménagement de la politique d'exploitation à l'aune des intérêts en présence. Les négociations politiques entamées le 25 février 2002 à Sun

[169] J. VANDEBURIE, « Le rôle de l'État dans la genèse des conflits liés aux ressources naturelles : le cas du Congo-Zaïre », Ecologie & politique, 2007/1 N° 34, pp. 57-68.

city en Afrique du Sud entre factions politiques, donnent lieu à la signature d'un accord le 30 juillet à Pretoria entre les présidents Joseph Kabila et Paul Kagamé. L'accord en question décide du retrait des militaires rwandais du Congo dans les 90 jours. Quelques jours plus tard, le président ougandais Museveni ordonne le retrait immédiat et total des troupes ougandaises présentes en RDC.
Toutefois, ce retrait n'est que partiel. C'est ce que rappelle le rapport final du Groupe d'experts sur l'exploitation illégale des ressources naturelles et autres formes de richesses de la République démocratique du Congo, affirmant : « *Le Rwanda a intentionnellement détourné l'attention du fait que des soldats restaient en République démocratique du Congo en accordant une importance particulière au départ de ceux qui quittaient le pays. Des cérémonies ont été organisées aux points de passage des soldats qui rentraient chez eux. En réalité, le nombre de soldats qui ont quitté la République démocratique du Congo ne représente jusqu'à présent qu'une infime partie de l'ensemble des troupes de l'Armée patriotique rwandaise stationnées dans l'est de la République démocratique du Congo* [170]».

Par ailleurs, malgré la diminution de la présence des armées étrangères en territoire congolais depuis 2005[171], le commercialisme militaire et la prédation n'ont pas totalement disparu. Les FARDC et les divers groupes armés militarisent, brutalisent et parasitent l'exploitation artisanale dont ils bénéficient toujours. Néanmoins, des explications plus politiques et conjoncturelles s'ajoutent à

[170] Nations Unies, Conseil de sécurité, *Rapport final du Groupe d'experts sur l'exploitation illégale des ressources naturelles*, *op. cit.*, p. 6.
[171] Année de rédaction de ce manuscrit.

ces motifs économiques et commerciaux. D'autres facteurs et acteurs entrent en jeu.

II. L'IMPLICATION D'AUTRES ACTEURS ET FACTEURS DE LA CONFLICTUALITÉ EN RDC

Les déterminants et protagonistes des crises en RDC sont multiples. Y jouent un rôle prépondérant acteurs privés (milices, enfants-soldats), acteurs communautaires, sociétés secrètes (Maï-Maï) et publiques (armées nationales, polices, troupes de maintien de la paix). Seuls les plus importants seront ici recensés[172].

A. Groupes militarisés et forces de sécurité

Le rôle des groupes *militarisés* et des forces de sécurité dans l'exploitation des ressources naturelles en RDC a suscité l'intérêt des Nations Unies. L'organisation internationale a mis en place un Groupe d'experts spécialement dédiés à cette tâche[173].

De 1996 à 2003, les groupes militarisés sont concentrés dans l'est de la RDC. Il sont représentés par :

- L'Arméc de Libération du Rwanda (ALR)

- Les rebelles des FDLR (Forces démocratiques de libération du Rwanda) ; principal groupe militaire hutu composé d'anciens des milices *interhamwe*, associés aux soldats hutus des ex-FAR rwandais. Ils étaient estimés en 2008 à près de 6 000 combattants, parmi lesquels quelques

[172] Il faut garder à l'esprit le fait que le conflit régional ayant fait converger les armées de sept pays africains vers la République démocratique du Congo a perdu de son intensité depuis 2003. Bien plus, la transition politique postérieure à 2004, les élections de 2006 et 2011 constituent des avancées politiques majeures. Cependant de nombreux incidents entre groupes liés aux pays voisins rappellent que le brasier congolais n'est pas complètement éteint.

[173] *UN Panel of Experts Report* (Oct. 2002). Annexe III, p.7.

centaines d'anciens génocidaires qui refusèrent de déposer les armes[174]. Plusieurs des principaux dirigeants des FDLR ayant été arrêtés en Europe en 2009 et 2010, les autres représentants politiques du groupe sont entrés dans la clandestinité, même si les contacts n'ont pas été rompus entre eux et leur hiérarchie militaire, restée dans les Kivu. Si, par le passé, les FDLR tiraient une grande partie de leur financement de l'extraction des ressources du sous-sol, leur accès direct à certaines ressources naturelles et leur contrôle sur celles-ci se sont amoindris. Leurs principales sources de financement sont désormais le commerce de produits dans les bassins miniers qu'elles contrôlent, ainsi que les recettes fiscales et les ventes de produits agricoles, tels que l'huile de palme et le cannabis. Les FDLR n'ont guère enduré de pression militaire de la part des FARDC en 2011[175] et ils ont continué de nouer des alliances avec des groupes armés congolais.

- Les anciennes Forces armées rwandaises (FAR), la *National Army for the Liberation of Uganda* (NALU), et les Forces pour la défense de la démocratie (FDD).

- Le CNDP (Congrès national pour la défense du peuple) (organisation militaire rebelle à base ethnique tutsie), dirigé par le général renégat Laurent Nkunda. Le CNDP était soutenu par le Rwanda jusqu'en décembre 2008 et comptait au moins 7 000 combattants. Après ses conquêtes territoriales de 2007 (Kikuyu et Mushaki) et 2008 (Rumangabo), il s'est constitué un « butin » de guerre

[174] La question de leur relocalisation ou de leur « éradication » a toujours été au cœur de la querelle entre la RDC et le Rwanda. Kinshasa a souvent été accusé de collusion avec les « réfractaires » du FDLR et Kigali de ne pas leur réserver un bon accueil au Rwanda. Les deux pays ont engagé ensemble en janvier 2009 une campagne anti-FDLR dans le Nord-Kivu qui se voulait décisive.

[175] À l'exception des opérations conjointes menées par les Forces de défense rwandaises (FDR) et les FARDC à Rutshuru.

constitué d'armes délaissées par les forces armées congolaises. Au début 2009, une scission a fait éclater le groupe mettant au-devant de la scène leur chef militaire, Bosco Ntaganda, appelant à la cessation des hostilités et à l'intégration dans l'armée nationale. 4 900 rebelles ont ainsi été intégrés entre janvier et avril 2009[176]. Selon le rapport du Groupe d'experts des Nations Unies de décembre 2008, le CNDP sous obédience rwando-ougandaise commerçait avec les hommes d'affaires tutsis actifs dans le négoce des minerais (comme Tribart Rujugiro Ayabatwa, le sénateur Mwangachuchu ou les frères Makabusa). Il percevait des taxes au poste douanier de Bunagana (700 000 $ entre septembre 2007 et septembre 2008) ainsi qu'aux abords de la mine de coltan de Bibatama exploitée par deux comptoirs (MUNSAD et MH1). Selon l'ONU, environ 15 % des ressources financières du CNDP proviendraient toujours du commerce des minerais.

- Les factions rebelles congolaises : Le Front de libération du Congo (FLC) soutenu par l'Ouganda et issu de la fusion du Mouvement pour la libération du Congo (MLC) et du Rassemblement congolais pour la démocratie-Mouvement de libération (RCD-ML), ainsi que le Rassemblement congolais pour la démocratie-Goma (RCD-Goma) : soutenus par le Rwanda. Le FLC et le RCD-Goma reçoivent un appui militaire de *l'Uganda People's Defense Force* (UPDF) et l'Armée patriotique du Rwanda (APR), etc.

L'armée officielle est ainsi structurée :

[176] P. JAQUEMOT, « Ressources minérales, armes et violences dans les Kivus (RDC) », *Hérodote*, 2009/3 n° 134, p. 361.

- Les Forces Armées de la République démocratique du Congo (FARDC) comptent 140 000 hommes sur l'ensemble du territoire. Dans l'est interviennent principalement les brigades « intégrées » qui résultent de la fusion des troupes rebelles et d'autres groupes armés avec les forces armées congolaises[177]. Ladite force et la Police Nationale congolaise (PNC) ont par ailleurs fait l'objet d'un rapport de l'ONG Global Witness[178]. La 85e brigade des FARDC aurait activement pillé les mines du Nord-Kivu, avec l'appui des milices locales notamment Maï-Maï. En 2010, Les FARDC, malgré leur réorganisation, sont encore divisées en plusieurs chaînes de commandement parallèles[179].

- Apparus dans les années 1960 dans le Sud-Kivu, les Maï-Maï représentent une nébuleuse de milices et des gangs ruraux appartenant à divers groupes ethniques autochtones (Nande, Hundu, Bembe), tous victimes d'exclusion sociale depuis 1997. Généralement agriculteurs, accessoirement coupeurs de route ou superviseurs de mines, ils prônent l'expulsion de tous les Banyarwandatutsis, plutôt des éleveurs, qu'ils considèrent comme une force d'invasion étrangère. Ils se déclinent en divers groupes : Kasingiens, Ngilima, Katsura, Batiri... Ils ont en commun l'usage de pratiques ésotériques

[177] L'opération DDR (désarmement, démobilisation et réinsertion) consiste à « brasser » ces éléments avec ceux de l'armée régulière après un recyclage rapide. Ainsi ont été constituées 18 brigades combattantes avec un total de 45 000 hommes. Ce système visant à reconstituer une armée nationale a été décidé lors du dialogue intercongolais de Sun City en 2002. La déroute des FARDC en 2008 face aux attaques du CNDP a concerné tout particulièrement ces brigades « intégrées », mal formées, mal encadrées, mal équipées et peu décidées, pour certaines, à combattre leurs anciens compagnons.

[178] Global Witness (2009).

[179] Les groupes armés congolais tels que la Coalition des patriotes résistants congolais (PARECO), le CNDP et les Forces républicaines fédéralistes sont déjà incorporés dans les FARDC.

développées par leurs propres devins destinées à les rendre invincibles : ainsi sont-ils convaincus que les balles tirées sur eux se transforment en gouttes d'eau. Parmi les Maï-Maï, le PARECO (Coalition des patriotes congolais) est le troisième plus important groupe armé du Congo. 2 600 de ses hommes ont été intégrés début 2009.

- L'armée de résistance du Seigneur : la LRA (Lord's Resistance Army) est un mouvement fondé en 1987 en Ouganda par Joseph Kony. De caractère messianique à l'origine, il s'est par la suite mué en groupe armé rebelle. Installée dans l'est du pays, mais aussi au Sud-Soudan, en RCA et dans le haut Uélé du Congo, la LRA mène des actions commandos particulièrement violentes et au cours desquelles les populations sont les premières victimes. Le mouvement a faibli au cours du second semestre de 2011, la plupart de ses unités étant parties en République centrafricaine. La LRA continue de pourvoir à ses besoins en pillant des stocks de nourriture et de biens et ne semble pas, d'après les informations fournies par de nombreuses ONG, disposer d'appuis externes.

Chacun de ces acteurs revendique une emprise sur un certain nombre de villes congolaises : Shabunda, Uvira, Fizi. Ils font régner un régime de terreur parmi les artisans qui travaillent dans les mines et utilisent les revenus de l'exploitation des ressources en vue du financement de leurs actions violentes. Certes l'implication des groupes rebelles dans l'exploitation illicite des ressources naturelles a été plus amplement débattue que celle de l'armée officielle. Toutefois, la responsabilité substantielle des FARDC dans la prédation des richesses minières, bien que tardive, a été mise au jour. Tous les protagonistes se sont livrés à des pratiques néfastes comme le recours aux enfants-soldats. Ces derniers ont par exemple été enrôlés pour extraire l'or dans les mines de Kilo Moto ou dans les mines de diamant de la province de l'Équateur[180].

Dans ce contexte, les Accords de Pretoria et de Luanda[181], conclus avec l'aide de l'Afrique du Sud et de l'Angola, ont certes eu pour effet l'accélération des retraits/replis, notamment dans l'est de la République démocratique du Congo. Cependant, la prédation des ressources naturelles persiste, sous des formes nuancées. Elle dépasse désormais le cadre des ressources minérales et agricoles. Elle s'oriente de plus en plus vers des transactions financières douteuses, les taxes, un système de recouvrement d'impôts forcés.

B. Les milieux d'affaires locaux et étrangers

Le rôle des ressources naturelles dans les conflits en RDC est perceptible à travers l'implication des acteurs locaux et internationaux. Il s'agit non pas d'un seul conflit mais d'un système de conflits aux multiples couches. Il importe de retenir l'existence d'un lien entre la guerre infranationale en RDC et son caractère transnational et

---

[180] C'est pourtant la présence de ces enfants-soldats qui a conduit Thomas Lubanga, l'ancien chef de milice : l'Union des patriotes congolais (UPC) régnant autrefois sur Bunia, capitale de l'Ituri devant la Cour Pénale Internationale. Le 14 mars 2012, la chambre de la CPI « a conclu à l'unanimité que l'accusation a prouvé au-delà de tout doute raisonnable que Thomas Lubanga est coupable d'enrôlement d'enfants de moins de quinze ans », www.lefigaro.fr/international/2012/03/14/01003-20120314ARTFIG00667-la-cpi-prononce-sa-premiere-condamnation.php.

[181] L'Accord de Pretoria, signé en date du 30 juillet 2002 traite essentiellement de la question du retrait des troupes rwandaises du territoire de la République démocratique du Congo et du désarmement des ex-FAR et *Interahamwe*. Tandis que l'Accord de Luanda signé le 6 Septembre 2002 aborde le retrait total des troupes ougandaises du territoire de la République démocratique du Congo, la coopération et la normalisation des relations entre la RDC et l'Ouganda.

régional. Une grande partie des ressources est exploitée et commercialisée en dehors de tout contrôle, et sans souci de réinvestissement. L'enrichissement ostentatoire des gens d'affaires et des firmes internationales contraste avec un contexte de misère généralisée, contenant ainsi les germes de la poursuite des hostilités.

À l'échelle locale, le conflit prend la forme d'occupation violente des infrastructures de production et d'exploitation des ressources naturelles, de confrontations entre les différents groupes armés de pillage et d'exaction. D'ailleurs le conflit a été transposé sur le plan global en raison du rôle joué par les grands commerçants et hommes d'affaires. Ces derniers sont au cœur du système politico-financier qui constitue l'arrière-plan de l'exploitation locale des ressources naturelles. Le système met en œuvre une chaîne allant du global au local. Cet emboîtement du local au global a été évoqué par le Groupe d'experts des Nations Unies. Il faut repérer de manière succincte les éléments concernés. Par exemple ont été incriminés le fils du président Museveni Muhoozi Kainerugabe et son demi-frère le général Salim Saleh, ainsi que son épouse Jovia Akandwanahoo. Ces personnes exploiteraient les richesses du nord-est Congo à titre personnel. Le Général Kazini, sorte d'empereur dans l'est du Congo, y a créé de toutes pièces une nouvelle province : Kibali-Ituri, placée sous la direction d'Adèle Lotsove. Cette province recoupe la carte des gisements aurifères de la région de Kilo Moto et les comptoirs de diamants. Les Ougandais y exportent, exonérés de taxes, d'importantes quantités d'or et de diamant. Les militaires ougandais protègent moyennant salaires les hommes d'affaires locaux et les milices qu'ils approvisionnent en armes. Le troisième rapport de l'ONU souligne qu'à Bunia, « les forces de défense ougandaises (UPDS) ont offert une protection aux éleveurs contre les attaques qu'elles ont elles-mêmes orchestrées ».

Colette Braeckman estime qu'ainsi, les Ougandais propulsent le nord-est du Congo dans l'économie globale. Pourtant, la mondialisation ne doit pas être synonyme de criminalisation. Les sociétés ougandaises coopèrent avec Dara-Forest, une société ougando-thaïlandaise installée en Ituri depuis la fin de l'année 1998 et d'autres compagnies du golfe persique. Dara-Forest importe du bois d'œuvre provenant de la forêt du Budongo. Officiellement cette forêt est exploitée en conformité avec les exigences internationales de certification des forêts. Ce bois est transformé et débité à Namanve en même temps que le bois provenant de l'exploitation des forêts ougandaises. Trente pour cent de la production prennent la direction de l'Extrême-Orient, Chine, Japon, Singapour, 40 % celle de l'Europe et 25 % de l'Amérique du Nord.

Le troisième rapport de l'ONU explicite l'acception « groupe d'élites » relativement à ce type de personnages-transfuges dont l'identité varie d'un pays à l'autre. Des filières mises en place agissent avec la complicité des milieux d'affaires et financiers. Des entrepreneurs occidentaux ont également participé, durant la période considérée, à ces activités illicites.

Le belge Georges Forrest a ainsi exploité, en compagnie de partenaires américains et finlandais, un vaste terril composé de résidus de cuivre. Les scories recelaient la plus grande réserve de germanium, un métal utilisé dans les lentilles infrarouges, fibres optiques et satellites de communication. Son potentiel fut évalué à 3 000 tonnes, dont la valeur fut estimée à plus de 2 milliards de dollars. C'est le résultat d'un transfert du plus gros gisement de germanium au monde de la société d'État à une de ses filiales. Ce « baron des métaux »[182] d'une soixantaine d'années détient le portefeuille minier cuprifère le plus étendu de Lubumbashi (province méridionale du Katanga) où il est basé. Incriminé dans les deux premiers rapports, il a été quasiment « oublié » par le troisième. Même la spécialiste Colette Braeckman, journaliste et auteur de nombreux ouvrages sur la RDC, omet de citer cet industriel bien connu du milieu dans son ouvrage « Les nouveaux prédateurs : Politique des puissances en Afrique centrale ». Ce silence, de la part d'un auteur réputé pour son franc-parler surprend ! Fait-il écho au Rapport parlementaire belge[183] sur le pillage des ressources naturelles en République démocratique du Congo ayant relevé « *qu'aucune action contraire à la loi* » n'a été commise de la part d'entreprises, de fonctionnaires ou de responsables politiques belges ?

Sont également mis en cause :

M. Dan Gertier, président du groupe DGI, dont fait partie la société Amaxon, laquelle a été qualifiée par une certaine presse londonienne « *meilleure compagnie de diamants en RDC* ». Homme lige, espion actif du président Robert Mugabe, il fait depuis 2004 l'objet d'un mandat d'arrêt international pour avoir « *puisé* » sans retenue dans les ressources de l'ancienne colonie belge.

Le Libanais Ali Hussein qui joua un rôle majeur dans les transactions d'or et de diamants à Bukavu et Kisangani en fait également partie.

---

[182] Auparavant lié à Mobutu, puis à Kabila père et maintenant à Kabila fils, cet homme avait été nommé par la France Consul Honoraire à Lubumbashi.

[183] Rapport parlementaire belge sur le pillage des ressources naturelles en République démocratique du Congo du 20 février 2003, archives du Centre de la documentation française, Paris.

D'autres agents identifiés par le Groupe d'experts ont fourni un appui en parrainant les réseaux ou en facilitant, à titre individuel, l'exploitation des ressources naturelles à l'intérieur de la RDC. Ainsi, des commerçants congolais ont été reconnus. Il s'agit des « *Big men* » du commerce des minerais : comme le sénateur Mwangachuchu qui est le propriétaire de la société MHI (Mwangachuchu Hizi International) – où le CNDP est présent – et qui a des intérêts dans la mine de Numbi au Sud-Kivu. Ou encore Mme Aziza Kulsum, alias Mme Gulamali qui possède une société de négoce de coltan (Shenimed) et des comptoirs à Bukavu à Goma, etc. Ces personnages entretiennent des relations ambiguës avec les pays voisins[184].

Depuis 2010, le contrôle exercé par les Ougandais sur les échanges commerciaux et les ressources économiques en Ituri demeure important. Toutefois, l'influence du Rwanda s'y est étendue visant le contrôle de Beni, Butembo et Lubero. Certaines entreprises paraétatiques congolaises restent dirigées par des hommes d'affaires de Kigali, détenteurs de passeports congolais. Cette situation rappelle qu'en dépit du retrait « officiel » des troupes étrangères de RDC, les régimes rwandais et zimbabwéen et des particuliers ougandais influents ont adopté des stratégies diversifiées pour maintenir en place de multiples activités criminelles.

Les multinationales participent, même de manière indirecte, à la naissance et la conduite des hostilités, du fait de leur implication dans la commercialisation de

[184] Mme Aziza Kulsum Gulamadi dont le cas est caractéristique dans la mesure où titulaire de plusieurs passeports, figure parmi les principaux agents impliqués dans l'exploitation illégale des ressources naturelles de la RDC. Elle a reconnu avoir été impliquée jadis dans la guerre civile au Burundi.

ressources naturelles conflictogènes. Le Sud-Africain De Beers, géant mondial de l'industrie du diamant, a ainsi été formellement incriminé par le Groupe d'experts des Nations Unies. Dans les années 1990-2005, deux firmes clientes s'étaient régulièrement approvisionnées en marchandises de contrebande. Ce faisant, elles avaient contrevenu aux propres règles de *De Beers* interdisant à ses membres toute transaction avec des « *pierres de conflit* ». La société a démenti tout lien avec les « diamants de sang » en RDC.

D'après l'ONU, il pourrait s'agir des firmes Steinmetz et *KGK diamonds*. La première, basée en Israël, en Afrique du Sud, en Belgique et aux États-Unis, est dirigée par Benny Steinmetz. Cet homme d'affaires, très influent en Angola et en RDC, est un ami intime des Oppenheimer, la famille sud-africaine qui contrôle De Beers. Ce « fondé de pouvoir » aurait privilégié les intérêts du mastodonte de Johannesburg, en vue de masquer l'origine de diamants importés de « zones à problèmes ». Quant à la seconde firme, *KGK diamonds*, elle appartient à des diamantaires indiens et est domiciliée à Anvers où transitent des diamants congolais.

Sous l'action de la société civile, notamment des ONG, lors de la campagne en 2000 contre les diamants de conflits, la firme De Beers avait fait figure d'exemple en cessant ses activités en RDC. Le groupe a participé au « processus de Kimberley » visant à réduire le commerce illégal des pierres brutes. Malgré cela, le groupe a souhaité obtenir de nouveau des licences d'exploration diamantifères dans l'ex-Zaïre. Ainsi une délégation du Groupe De Beers a été reçue en audience le 6 avril 2011 par le ministre congolais des Mines, Eugène Diomi Ndongala. Lors de l'entretien, la délégation sud-africaine a fait part de sa volonté de reprendre le chemin de la RDC après la normalisation de la vie politique.

Des diamantaires libanais, dont la puissante famille Ahmad, possédant deux sociétés belges, Sierra Gem Diamonds et Tripple A Diamonds, sont également dans le collimateur des Nations Unies. La première société est dirigée par Nazem Said Ahmad, qui faisait partie du groupe de sept diamantaires, en majorité libanais, arrêtés le 10 septembre 2004 dans le cadre d'une enquête sur les *« pierres de conflit »* en provenance de la RDC. M. Nazem Said affirme exporter en toute légalité des pierres rachetées à des négociants congolais dûment autorisés à rencontrer les « creuseurs artisanaux ». Néanmoins, d'autres sources attestent que l'essentiel de cette production passe par le fleuve Congo en direction de Brazzaville, en contrebande.

Des diamantaires israéliens, parmi lesquels on retrouve Dan Gertier, président fondateur de la Bourse de Tel-Aviv et Schmuel Schnitzer ont aussi été incriminés. Ils ont finalement été blanchis par le troisième rapport de l'ONU. Toutefois leur associé et vice-président a été arrêté en 2004 pour trafic de pierres russes en Hongrie. Ce nom est récurrent dans tous les rapports ! Dan Gertier demeure au cœur de la guerre du diamant. En 2000, IDI Diamonds, l'une de ses sociétés a obtenu de Laurent-Désiré Kabila l'exclusivité des exportations de l'ensemble du diamant congolais. Ce contrat fut suspendu un an plus tard. Actuellement, la société-écran canadienne Examon, immatriculée au Panama, permet à Dan Gertier de revenir en force en RDC. Cham Leibowitz, son associé américain a obtenu le monopole de la commercialisation de la Minière de Bakwanga (Miba). Cette société congolaise est la principale source de revenus de la RDC, car la production de cuivre, or et cobalt a dramatiquement chuté.

Le troisième rapport du Groupe d'experts sur les Richesses en RDC publié le 23 octobre 2003 fut jugé trop consensuel comparé aux précédents. Ne faisant pas l'unanimité, il a été qualifié de « *giclée d'eau tiède* ». Il semble avoir été « purgé » d'éléments nuisibles au bon déroulement de la période de transition. Certaines informations détaillées sur l'exploitation des ressources et du trafic d'armes, transmises au Conseil de sécurité, ont été déclarées « confidentielles ». Est-ce parce que certaines personnes mises en cause dans ce document gardé secret, occupent encore des postes importants au sein du gouvernement de transition ? La paix exige-t-elle de se taire ?

Rappelons la classification établie par ce rapport. Elle comporte cinq catégories :

- La catégorie I énumère les entreprises et individus dont les noms ont été retirés des annexes du rapport d'octobre 2002. (La société canadienne AMFI, la société allemande Bayer AG, la société belge Fortis et Belgolaise, ainsi que le Zimbabwéen Billy Rautenbach).
- La catégorie II comprend des entreprises dont le cas est résolu mais qui demeurent sous une surveillance exercée par les points de contact nationaux de l'OCDE (organisation de la coopération et du développement économique). Sont concernés le groupe Forrest et la firme zimbabwéenne de J. Bredenkamp.
- Les catégories III et IV dressent la liste des cas non résolus par le Groupe d'experts (soit pour des raisons logistiques, soit en raison de la contestation par les parties de leur implication dans l'exploitation illégale des ressources). Une mise à jour et des compléments d'enquêtes sont en cours.

Y figurent le diamantaire De Beers (qui en attendant a recommencé à obtenir des licences d'exploration) et la société belge Cogecom.

- La catégorie V comprend 33 parties qui n'ont pas envoyé de remarques aux observations faites par les experts.

En définitive, le troisième rapport met en exergue la réalité suivante : « l'exploitation demeure l'une des principales sources de financement des groupes qui tentent de perpétuer le conflit, en particulier dans les régions de l'est et du nord-est de la RDC[185]». Ainsi, les ressources naturelles ont rendu plus de vigueur à un conflit dont elles ne sont pas la source exclusive. La guerre ne s'est pas faite essentiellement pour l'exploitation des ressources naturelles. Néanmoins, la prédation mercantile de ces ressources lui aura permis de se pérenniser.

---

[185] Troisième rapport de l'ONU sur l'exploitation illégale des ressources naturelles de la RDC, 23 octobre 2002.

Chapitre II.

La concomitance entre exploitation des ressources naturelles et violences ethniques

Grande comme plus de quatre fois la France et richement dotée en ressources minières, la République démocratique du Congo (RDC) – qui s'appela Zaïre de 1965 à mai 1997 – compte une population estimée à 68 692 542 habitants, répartie sur une superficie de 2 344 798 km². (2011). La diversité humaine est grande puisque le pays comporte près de 250 groupes ethniques. Il s'agit notamment des Luba (17,9 %), Kongo (16,2 %), Mongo (13,4 %), Rwanda (10,4 %), Nantis (4,9 %), Tékés (2,8 %), Bwa (2,4 %), Tchokwés (1,9 %), Ngalas (0,4 %) et autres : Kwango, Lulua, Lunda, et Kasaï, etc.[186] Mais cinq d'entre eux sont largement dominants démographiquement et territorialement : les Baluba, Balunda, Bakongo, Mongo et Zandé. Toutefois, on ne trouve pas ici les contrastes marqués qui existent dans certains États d'Afrique occidentale ou orientale. Linguistiquement, par exemple, deux grands ensembles dominent le pays. Le groupe bantou, tout d'abord, qui occupe l'essentiel du territoire. Ensuite, un groupe de langues soudanaises (avec de nombreuses enclaves bantoues), qui se rencontre dans le nord (Ngbaka, Ngbandi, Mbandja, Zande, Mangbetu, etc.).

---

[186] La grande majorité d'entre eux parlent une des langues bantoues. Toutefois, des locuteurs nilotiques sont repérables dans le nord, près du Soudan et l'on trouve des groupes épars de Pygmées (en particulier dans la forêt d'Ituri au nord-est).

Dans le nord-est, quelques petits groupes nilotiques (Alur, Lugbara, Logo). Ces groupes ont vécu dans une atmosphère de coexistence harmonieuse, jusqu'à ce que les ressources naturelles occasionnent des conflits entre les différentes communautés congolaises.

Il s'avère nécessaire d'étudier les rapports entre les conflits opposant les groupes ethniques et les conflits sur les revendications des ressources naturelles ; nous pourrons ainsi examiner l'interaction des ressources et de l'ethnicité et chercher à comprendre pourquoi la violence se produit dans l'exemple congolais et pas dans d'autres cas. Ces conflits multiethniques, ont été discutés dans de nombreux contextes, et de nombreuses explications à leur présence en RDC ont été offertes. Elles ont varié : manque de démocratisation, débordement de la violence ethnique des États voisins. À ce propos, le Génocide au Rwanda dans les années 90 et ses répercussions, les persécutions des Tutsis congolais sont incontestablement en relation avec l'expérience congolaise, notamment dans certaines régions comme le Nord-Kivu[187]. La forme des institutions gouvernementales et de la société a également été citée comme catalyseur des conflits ethniques. L'inégalité dans le bien-être économique a également été utilisée pour expliquer les conflits ethniques. La littérature a évoqué l'abondance des ressources comme cause des conflits ethniques. C'est dans ce dernier domaine que cette étude cherche à apporter une contribution. Nous cherchons à combler ces littératures dans cette étude en mettant en évidence le lien entre l'abondance des ressources

[187] Peuplée par les Nande, les Banyarwanda (Hutus et Tutsis), les Nyanga, les Hunde et Tembo, la province les répartit aussi en deux catégories : les autochtones d'un côté, et, de l'autre les immigrés (ou transplantés) et les réfugiés des événements de 1959 au Rwanda. Des cinq groupes ethniques susmentionnés, les Banyarwanda sont les seuls à se trouver à la fois dans les deux catégories, les autres étant classés dans la première uniquement.

naturelles et les conflits ethniques en RDC. À cet égard, les haines anciennes apparaissent comme une cause des violences ethniques (I). Elles réactivent les processus identitaires fondés sur le rejet de certains groupes ethniques, diabolisés dans un discours de haine. De manière incidente, une corrélation s'effectue entre les violences ethniques et l'accès aux ressources naturelles en RDC (II).

I. LE CONTEXTE DE VIOLENCES MULTIETHNIQUES

Du mot grec « *ethnos* », l'ethnie étymologiquement désigne le peuple. Elle s'entend comme un groupement humain possédant une structure familiale, économique et sociale homogène et dont l'unité repose sur une communauté de langue, de culture et de conscience de groupe[188]. Mais les conflits ethniques (dans cette étude) désignent un type de conflit entre divers groupes s'identifiant en fonction de leur origine ethnique. La RDC regroupe les conditions les plus favorables vis-à-vis des risques d'occurrence de la guerre : des ressources naturelles en quantité suffisante, une très forte fragmentation ethnique et une population considérable. Ces éléments la placent dans une situation de risque très forte qu'adviennent un ou des conflits armés en son sein. Cette opinion est nuancée par Marta Reynal Querol, « *However, not all ethnically divided societies evolve into civil war* [189]». Pour comprendre les conflits de ressources et de la violence ethnique en RDC, il faut se pencher sur la construction historique et géographique des identifications

[188] Site : http://www.larousse.com/fr/dictionnaires/francais/ethnie

[189] M. REYNAL-QUEROL, « Ethnicity, Political Systems, and civil Wars », *Journal of conflict Resolution*, Vol. 46, N°. 1, February 2002, pp. 29-54.

ethniques dans le processus de construction de l'État - nation moderne.
Par conséquent, réduire tous les malheurs de la RDC à des conflits ethniques serait simpliste. En l'occurrence, la prolongation des conflits armés en RDC est rehaussée par la combinaison de plusieurs autres variables. La multiethnicité ne doit pas être perçue comme une menace exclusive pour l'unité congolaise. Au contraire, l'ethnicité, la diversité humaine devrait être perçue comme des sources potentielles de dynamisation du tissu national. De plus, hormis quelques échauffourées et velléités séparatistes, les populations congolaises ont prouvé qu'elles arrivaient à vivre ensemble malgré leurs différences.
L'élément significatif au regard de la prolongation de la conflictualité congolaise tient à une radicalisation ethnique, sur fond de rivalités ancestrales, débouchant sur des conflits d'accès aux ressources. À ce sujet, Olzak (1992) est le premier à avoir proposé une théorie écologique des conflits ethniques. La base de la théorie est la concurrence des causes des conflits. James (2002) se réfère quant à lui à la concurrence comme l'équivalent moral de la guerre. Ainsi entendus, les conflits armés en RDC seraient des guerres de concurrence, affectant les actions des individus, parce qu'elles consistent en des guerres de proximité. En effet, « les guerres les plus violentes sont des guerres de proximité. C'est le voisinage qui maintient à la fois les tensions en suspens et les protagonistes en présence »[190]. La spécificité étant ici qu'à l'ethnisme latent se sont ajoutés des conflits ayant cours à proximité de zones riches en ressources naturelles. Certes, la coexistence de groupes majoritaires et minoritaires au

---

[190] B. NADOULEK et L. DIDIER, « La guerre économique mondiale pour le contrôle des ressources naturelles », *Géo-économie*, 2008/2 n° 45, pp. 21-32.

sein de régions pourvues en richesses minières s'avère problématique. La discordance entre l'abondance en ressources naturelles de certaines régions et la répartition en faveur des populations y vivant des revenus de l'exploitation de ces ressources concourt à l'émergence de conflits locaux. Ceux-ci finissent par se généraliser. Plus que l'ethnicisme ou le tribalisme, ce sont les ambitions économiques des différents groupes ethniques et migrants « allogènes » ou « autochtones » relativement à l'accès aux ressources qui génèrent des antagonismes. Ces communautés se disputent le leadership économique de l'exploitation des richesses du sous-sol congolais. Les deux éléments interagissent néanmoins. Toutefois l'acuité de cette interaction est renforcée par l'existence de haines ethniques fossilisées (A). À ce propos, l'Est de la RDC, apparaît particulièrement comme la région au cœur de tous les conflits locaux impliquant les ressources naturelles (B).

A.Des tensions ethniques sédimentées

Pour comprendre la compétition ethnique sur les ressources naturelles, il convient de sonder les rapports intriqués entre enjeux historico-politiques et groupes ethniques. À ce sujet, si les conflits en RDC ont toujours été animés par des conflits sur les ressources, ils sont à certains égards, du moins initialement, plus déterminés par des conflits autour de l'identité plutôt que des ressources elles-mêmes. Ils posent d'abord le problème de l'appartenance à un lieu, un morceau de terre et ses ressources associées, ce qui donne à un peuple son sentiment d'identité. Cette conception traditionnelle a été contrariée par l'époque coloniale belge. La répartition territoriale des différentes communautés opérée par les Belges et ses conséquences sur la structuration du pouvoir politique et le rôle de celui-ci dans la filière d'exploitation des ressources naturelles, vont entraîner des griefs, suscitant à leur tour des solidarités ethniques. En revanche, ce phénomène devient notoire dans la période postérieure à l'Indépendance, qui a fait prendre aux conflits inter et intraethniques une certaine ampleur. Faisant suite au mouvement autonomiste ayant abouti à la création en 1962 de 21 « provincettes[191] », la « guerre kanyarwanda[192] » oppose les Banyarwanda (Hutus et Tutsis) aux Hunde et Nyanga/Nande dès le début des années 60. Ce conflit détériore les relations entre les différents groupes ethniques et ne sera réglé qu'avec l'arrivée de Mobutu au pouvoir en novembre 1965. C'est pourtant l'épineuse question de la citoyenneté « zaïroise » (congolaise) [193]

---

[191] *Afrique contemporaine* 1997, n° 325, p. 69.

[192] Adjectif à préfixe formé sur la racine désignant la culture rwandaise et ses représentants dans leur langue, le « kinyarwanda ».

[193] - Une pléthore de textes législatifs a essayé de résoudre le problème de la nationalité zaïroise (congolaise) acquise par les Banyarwanda :

- Une ordonnance n° 25/554 du 6 novembre 1959 accorde aux transplantés rwandais et burundais arrivés au Zaïre, avant 1949, le droit de vote et d'éligibilité. Une résolution de 1960 leur confirme ce droit de vote, mais leur refuse l'éligibilité.
- Une loi fondamentale qui tient lieu de Constitution provisoire du 19 mai 1960 confirme les dispositions précédentes sur les modes d'acquisition de la nationalité congolaise.
- La Constitution de Luluabourg de 1964 énonce que pour obtenir la nationalité congolaise, il faut avoir un ascendant au moins, qui appartienne aux ethnies installées au Congo belge avant le 18 octobre 1908. En d'autres termes, un rwandophone peut obtenir la nationalité congolaise à condition qu'un de ses ascendants directs ait résidé sur le territoire avant 1908.
- Une ordonnance-loi du 28 mars 1971 accorde la nationalité aux habitants de Masisi dans le Nord-Kivu. Néanmoins, cette dernière fut remise en cause ultérieurement, car Barthélémy Bisengimana, ancien directeur du bureau de la Présidence de la République était lui-même d'origine rwandaise et aurait ainsi voulu favoriser les siens. Cela pourrait être constitutif d'un détournement de pouvoir. On constate que les problèmes d'interprétation des dispositions de la Constitution ont existé de tout temps. Et souvent de nouvelles vagues de réfugiés

accordée ou non aux ethnies rwandophones qui aura les répercussions les plus néfastes relativement à ce point. Les populations se sont dès lors focalisées sur leurs allégeances tribales. Ce facteur, associé à d'autres, a joué un rôle décisif dans l'aggravation des inimitiés ethniques. Le phénomène s'est amplifié en raison des vestiges des structures coloniales mises en place entre certaines provinces de RDC comme le Kivu et les États voisins : le Rwanda, le Burundi, le Kenya, l'Ouganda et la République Unie de Tanzanie. Et le contexte d'exploitation incontrôlée des ressources du sous-sol,

---

rwandais invoquèrent ces dispositions qui étaient faites, à l'origine pour les transplantés.

- Une loi du 29 juin 1981 retire la nationalité et les droits acquis d'un grand nombre de Banyarwanda de nationalité zaïroise acquise en 1971 en invoquant la non-réciprocité. Le fait de reconnaître la citoyenneté aux Rwandais a été considéré comme une « mesure injuste », car semblable législation n'a été prise en faveur des congolais. Cet imbroglio juridique se conjugue au problème de la cohabitation ethnique au Kivu. Les mariages exclusivement endogamiques tutsis n'ont pas facilité les échanges interethniques. L'article 11 de la Constitution de transition de 2002 énonce à ce sujet :

« La nationalité congolaise est une et exclusive. Elle ne peut être détenue concurremment avec une autre nationalité. Est congolais, toute personne dont l'un des ascendants est ou a été membre de groupes ethniques ou tribus établis sur le territoire de la République démocratique du Congo à la date du 30 juin 1960, conformément à la Résolution adoptée le 10 avril 2002 par la Plénière du Dialogue Intercongolais de Sun City, sur recommandation de la Commission Paix et Réconciliation. Une loi organique fixe les conditions de reconnaissance, d'acquisition et de recouvrement de la nationalité congolaise. » Cette formulation se substitue à celle plus laconique stipulée par l'article 14 de la Constitution du 1er avril 2003 : « Tous les groupes ethniques et nationalités, dont les personnes et le territoire constituaient ce qui est devenu le Congo (présentement la République démocratique du Congo à l'Indépendance) doivent bénéficier de l'égalité des droits et de la protection des termes de la loi, en tant que citoyens. La nationalité congolaise est une et exclusive. Elle ne peut être détenue concurremment avec une autre nationalité. », etc.

facteur de l'augmentation des disparités sociales a été favorable à l'éclatement de violences ethniques qui couvaient depuis des siècles. Ces haines anciennes et ces animosités sédimentées ont été par la suite façonnées au gré des incidences de l'exploitation illicite et inégalitaire des ressources naturelles de RDC. Autant d'éléments qui ont une propre dynamique, tout en se nourrissant mutuellement, à l'instar de ce qui se passe dans l'est de la RDC.

B. L'Est de la RDC, au cœur des conflits ethniques

L'est de la RDC forme une vaste ceinture, riche en ressources minières. Cet élément avait déterminé la politique coloniale de transplantation des Rwandais au Kivu. Il n'est par conséquent pas superflu d'insister sur le contexte spécifique de cette région de RDC. En substance, de 1935 à 1955, l'autorité belge « déporte » des Rwandais (aussi bien hutus que tutsis) dans l'actuelle région de Masisi (Nord-Kivu)[194]. L'objectif est alors d'y constituer un réservoir de main-d'œuvre pour les entreprises minières et agricoles du Congo belge. Pour des raisons de commodité administrative, les Belges créent en 1941 une chefferie autonome (Gishari) dirigée par les Tutsis, qu'ils font fusionner avec la chefferie bahunde. En 1957, ils reviennent sur leur décision, suppriment ladite chefferie et isolent les Tutsis. Suite aux deux grandes répressions de 1959 et 1963, les Hutus se soulèvent contre la dynastie tutsie au Rwanda. De fait, de nombreux réfugiés tutsis rwandais amorcent un exode vers le nord et le sud du Kivu. Ces réfugiés sont progressivement intégrés dans la

---

[194] La transplantation des Rwandais à l'est de la RDC est invoquée pour avoir aggravé les nombreuses méprises sur la détermination de la nationalité, de la citoyenneté.

population zaïroise. Ils se mêlent aux Banyarwanda, de souche autochtone dans la région de Rutshuru[195].
Ce contexte de coexistence multiethnique dégénère avec la Première Guerre de Libération en 1996 engagée par Laurent-Désiré Kabila, avec l'appui des forces rwandaises et ougandaises. La controverse naît de la situation des diverses catégories de populations d'origine rwandaise (dont certaines, les plus anciennes, avaient obtenu la nationalité zaïroise entre l'indépendance et 1981) devenues majoritaires. Au début des années 90, celles-ci représentent près de 70 % de la population totale de la zone de Masisi (estimée à 800 000 personnes début 1994) et probablement entre 30 % et 50 % de la population du Nord-Kivu (3 millions d'habitants).
À cette même époque, les Congolais s'avisent de la situation des « Banyamulenge »[196]. Ce casse-tête que le régime Mobutu n'était pas parvenu à résoudre, se pose de nouveau avec acuité dans la période 1996-1997[197]. Les

---

[195] Globalement, les populations d'expression « kinyarwanda » peuvent être ainsi classées :
- Autochtones établis avant 1875
- Immigrés d'avant 1960
- Transplantés
- Réfugiés
- Infiltrés.

[196] Voir lexique.

[197] Rappelons qu'en avril 1995, le Parlement zaïrois adoptait une série de résolutions statuant que tous les « Zaïrois d'origine rwandaise », particulièrement les Banyamulenge, avaient dorénavant le statut de « réfugiés ». Ces résolutions laissaient entendre que les Banyamulenge, ces Zaïrois tutsis d'origine rwandaise, avaient acquis la nationalité zaïroise « de manière frauduleuse ». La nationalité zaïroise n'était plus accordée qu'à ceux qui pouvaient prouver que leurs ancêtres vivaient au Zaïre avant 1885. Sinon, ils perdaient ainsi leurs droits de citoyens comme celui de posséder des propriétés, de se présenter aux élections ou se porter candidat à des postes administratifs, etc. Évidemment, les Banyamulenge se sont sentis menacés par la mise en œuvre de ces

médias et la presse résument cette première Guerre de libération à une insurrection des « *banyamulenge* » : les Banyarwanda [198]immigrés (ou transplantés) et réfugiés de 1959. Cette logique est sommaire. En effet, la plupart des opérations militaires se sont déroulées au Nord-Kivu, où les Banyamulengue ne vivent nullement ! En revanche, la province du Nord-Kivu est marquée par d'autres facteurs significatifs d'une prolongation de la conflictualité en RDC. De surcroît, la région jouit d'une relative prospérité économique, due aux ressources naturelles. Progressivement, un rapport se forge entre les litiges fonciers à caractère ethnique, et l'exploitation des

---

mesures ; beaucoup ont pris les armes et déclenché en octobre 1996 une rébellion contre le gouvernement zaïrois.

[198] Divers courants ont fait un processus d'ethnogenèse en faisant des Banyamulenge une ethnie à part entière, alors qu'à l'origine, il s'agissait de peuples d'origine rwandaise et burundaise (entre 350 et 500), qui s'étaient d'abord établis au Sud de la vallée de Ruzizi (Monts Itombwe de la région d'Uvira et de Bukavu) puis étaient passés par le lieu dit « Mulenge » (d'où leur nom) pour se rendre dans le Sud-Kivu vers 1896, fuyant les représailles d'un roi sanguinaire. D'autre part, le phénomène de transplantation effectuée par le roi des Belges dans les années 1930, déversa nombre de Rwandais dans l'est congolais, mais aussi dans le Katanga minier. Enfin, peu après, la « Révolution sociale » rwandaise de 1959 et d'autres événements repoussèrent des Tutsis rwandais de l'autre côté de la frontière. À l'Indépendance, le 30 juin 1960, la plupart se sont retrouvés congolais. Leur intégration dans la société congolaise aura été d'autant plus complexe qu'à la faveur des guerres récentes (déjà évoquées), des « infiltrés » sont venus brouiller les pistes… Ce n'est d'ailleurs pas le seul territoire du Congo où les immigrations rwandaises ont pris des proportions considérables. Il faut comprendre qu'à l'époque, quel que soit l'ordre d'arrivée de ces peuples, leurs origines et leurs rivalités, compétitions, guerres, toutes ces populations vivaient dans un contexte d'équilibre sociopolitique. La frontière entre le Rwanda et le Congo belge fut esquissée lors de la Convention de Berlin en 1885. Elle fut établie de façon plus précise le 11 août 1910 lors de la Convention de Bruxelles. Ces frontières furent considérées comme artificielles par les autochtones.

ressources naturelles. Il importe de détailler la situation de cette province.
Sur le plan administratif, le Nord-Kivu (hormis la ville de Goma, qui en est le chef-lieu) est scindé en cinq subdivisions territoriales : Béni, Lubero, Masisi, Rutshuru et Walikale. En outre, la province s'organise autour de trois pôles ethniques :
• La zone de Béni et Lubero, exclusivement peuplée de Nande ;
• Celle de Rutshuru, occupée majoritairement par les Banyarwanda autochtones ;
• La zone Goma-Masisi-Walikale qui, bien qu'hétérogène sur le plan ethnique (Hunde, Tembo et Banyarwanda dans le Masisi, et Nyanga à Walikale), concentre les Banyarwanda.

Si au départ les premiers conflits Hutus/Tutsis en RDC se cristallisent autour de la question de la nationalité, les plus préjudiciables sont les conflits fonciers en particulier dans les territoires de Walikale et Masisi. À la suite des disettes et des affrontements politico-ethniques entre Hutus et Tutsis des années 1940, ces territoires avaient attiré des flux importants de migrants en provenance du Rwanda. Cette région a connu un essor économique sans précédent à partir de 1977 et jusqu'au début des années 90.
Pourtant, la situation dans le Masisi (Nord-Kivu) a évolué durant la période 1940-1994. Les autochtones (Hunde) sont devenus minoritaires. Délestés de leurs ressources foncières, ces agriculteurs se retrouvent marginalisés par la nouvelle économie. En 1991 et mars 1993 (bien avant l'arrivée massive des réfugiés du Rwanda de juillet 1994), des heurts ethniques meurtriers ensanglantent une grande partie de cette région du Nord-Kivu.

Les tensions sociales entre les groupes autochtones plus anciens (Hunde, Nyanga, Tembo) et les Banyarwanda s'expriment principalement sur trois terrains : la rivalité au sein des institutions politiques régionales, les litiges locaux d'origine foncière entre paysans et, pour finir, ceux liés aux ressources naturelles. Curieusement, les incidents sanglants concernent les sites économiquement stratégiques et riches en ressources naturelles, tels que le Masisi (1991, 1993), et Walikale (1992). En quelques mois, les violences perpétrées par les deux camps font entre 10 000 et 14 000 morts et plus de 200 000 personnes déplacées. Après une brève accalmie au début de l'année 1994, ces troubles connaissent un regain en termes de moyens utilisés, de niveau de violence et du nombre de combattants, avec l'arrivée des anciennes FAR (Forces armées du Rwanda) et des *Interhamwe* dans les camps de Goma après juillet 1994.

En novembre 1994, débute de la sorte la « nouvelle guerre du Masisi ». Elle s'étend rapidement aux zones avoisinantes (Rutshuru, Walikale). Ce conflit fait suite aux rapines des FAR et ex-Interhamwe dans les zones au nord de Goma (vols de bétail des éleveurs tutsis, attaques de villages hunde) et au refus de partager les revenus de l'exploitation des ressources minières. En mai 1996, le nombre total de morts dans la zone concernée est estimé à 70 000 et celui des déplacés à 250 000. Cette montée de la violence se propage dans tout le Kivu. Et ce, jusqu'à l'entrée en scène de l'AFDL (Alliance des forces démocratiques de libération du Congo) et de ses alliés à la fin octobre 1996.

Parmi les causes d'exacerbation des tensions ethniques, il y a le malentendu foncier originel, la compétition acharnée à la fois économique et politique entre les groupes

ethniques, l'insécurité croissante sous toutes ses formes à partir des années 70. Les enjeux de ces conflits locaux, associés à d'autres sources de tensions (exploitation des ressources naturelles), ont conduit à une escalade progressive et irréversible. Celle-ci s'est cristallisée sous la forme de combats rangés, dont le but était l'exclusion ou la destruction de l'autre groupe, mais dont les protagonistes ne rechignaient pas à s'affronter pour le contrôle de sites miniers potentiellement stratégiques. Les conflits d'accès aux ressources naturelles ont ainsi prospéré dans ce cadre, celui d'un conflit foncier à l'origine, mais devenu complexe et multidimensionnel.
C'est ainsi qu'à des conflits locaux à coloration ethnique, s'est substituée une guerre civile, puis régionale.

II. La corrélation entre violences ethniques et conflits armés liés aux ressources naturelles

En RDC, de manière (presque) fortuite, les conflits ethniques se développent dans les zones prospères en ressources naturelles. Une telle coïncidence entre ressources naturelles, ethnisme et perpétuation de la guerre en RDC suscite des questionnements. L'ethnisme en RDC est-il un facteur de prolongation des conflits liés aux ressources naturelles ? L'exploitation des ressources naturelles participe-t-elle à l'ethnicisation du contentieux en RDC ?
Au demeurant, les conflits interethniques combinés avec les aspects démographiques et politico-économiques de l'exploitation des ressources naturelles concourent à la multiplication des conflits armés en RDC. Les visées économiques des groupes ethniques (A) se disputant le leadership de l'exploitation artisanale des ressources naturelles participent à l'aggravation des tensions ethniques et claniques. Il en va de même en ce qui

concerne les conditions d'exploitation des ressources naturelles (B).

A. Visées économiques des groupes ethniques sur les ressources naturelles

Les conflits en RDC correspondent à des guerres d'abondance, c'est-à-dire des « *guerres de convoitises sur les ressources naturelles disputées par les grandes puissances, milices ou oligopoles* »[199], mais aussi à celles opposant des unités ethniques ou claniques. La dépendance économique envers les ressources naturelles est un facteur d'intensification des violences ethniques. Certes, le rapport entre le foisonnement de ressources naturelles dans certaines zones et l'occurrence de conflits civils interethniques dans les mêmes régions, n'est pas linéaire. Il demeure, toutefois, essentiel en ce qu'il conduit à la prolongation de conflits préexistants. D'ailleurs, en RDC, même les problèmes complexes de nationalité ne sont pas sans lien avec la question du rôle des ressources naturelles dans les conflits armés.

Cette situation est surtout caractéristique dans l'est du Congo, riche en minerais. Les problèmes proviennent de la revendication par une frange de population de culture rwandaise, mais de nationalité et de citoyenneté congolaise des mêmes droits et mêmes devoirs que les autres Congolais. Ces réclamations, au départ axées sur les conditions d'accès à la terre, donnent ensuite lieu à des stratagèmes en vue de parvenir à la jouissance prioritaire des ressources naturelles. Par exemple, les violences ethniques faisant rage le long de l'axe Masisi-Walikale-Goma résultent des tensions entre les troupes de l'APR,

---

[199] H. PHILIPPE, « Le rôle des ressources naturelles dans les conflits armés africains », *Hérodote*, 2009/3, n° 134, p. 70.

occupées à exploiter frauduleusement les ressources minières.

Comme l'a révélé le rapport du Groupe d'experts des Nations Unies de 2003, certains groupes hutus (la plupart résidant en RDC) ont été réquisitionnés par les forces rwandaises (à majorité tutsies) pour travailler comme forçats dans les mines. De 1996 à 2003, l'APR a ainsi attaqué et brûlé des villages pour s'emparer de la colombo-tantalite extraite par des groupes d'Hutus ou les habitants des villages alentour. Cette situation d'exploitation économique des ressources et des travailleurs n'a pas favorisé la pacification des relations entre les différentes ethnies.

B. Exploitation économique et conflit ethnique

Dans la période considérée (1996-2003), les affrontements à connotation ethnique se déroulent en majeure partie dans la région orientale (au Kivu). Il s'agit de la région la plus riche en ressources naturelles, notamment le territoire de Walikale. Cet endroit concentre à lui seul tous les facteurs de tensions (fonciers, ethniques, démographiques, économiques, militaires). La province de l'Ituri est également touchée. Ces deux régions sont au cœur de toutes les luttes en 1996/1997, 2003/2004 et 2007/2008. Les combats opposent différents acteurs. En premier lieu, les Maï-Maï, appuis circonstanciels des FARDC ayant combattu l'UPF et le mouvement rebelle MLC lui-même composé en majorité de Tutsis. La volonté de contrôler l'exploitation de l'or, du coltan et des diamants, notamment dans les régions de Béni et de Bafwasende transcende les rivalités ethniques. Ces luttes intestines ont d'ailleurs lieu au sein de groupes ethniques (intraethniques : cas des Banyarwanda), et entre groupes

interethniques. D'autres opposent groupes ethniques et groupes armés.
Le lien existant entre les conflits ethniques et le contrôle et la commercialisation des ressources de la RDC demeure néanmoins plus implicite qu'explicite. La situation en Ituri[200] est édifiante. Certains ont eu tendance à résumer le conflit en Ituri à une vieille rivalité entre Hemas et Lendus. C'est un présupposé simpliste ! Sans nier l'importance de la composante ethnique dans ce microconflit, il ne faut pas non plus la surévaluer. Les ressources naturelles, notamment l'or, y ont exacerbé les griefs.

Nonobstant leur rivalité atavique, les Lendus (agriculteurs et majoritaires) et les Hemas (éleveurs et minoritaires) cohabitaient sans problème. Les difficultés ont surgi lorsque les richesses naturelles de cette région (or, diamant, café, bétail, bois, faune, eau, énergie hydroélectrique) ont suscité la convoitise des Ougandais. Les membres du clan des Hemas et en particulier ceux du sous-clan des Gegere[201] ont justifié l'achat d'armes et la formation de leurs propres milices par la nécessité de se

---

[200] C'est une région située dans le nord de la RDC. Grand de 65 000 km², ce territoire vit un conflit permanent qui a coûté la vie de 50 000 personnes, malgré l'intervention en 2003 d'une force d'urgence dépêchée par l'Union européenne. Malgré l'embargo sur les armes, les affrontements armés n'ont pas cessé et le pillage continue.

[201] D'après le rapport du GRIP de 2003, le sous-clan des Gegere joue un rôle important dans les opérations du réseau d'élite. La majorité des transporteurs et commerçants locaux à Bunia appartiennent à ce groupe. Jacob Manu Soba, Manasse Savo et d'autres membres de la famille Savo font partie de ceux qui ont approvisionné l'UPDF dans la région et qui fournissent des services de transport et de logistique ainsi que des liaisons commerciales locales. Ils ont établi des liens étroits avec des commandants et des troupes de l'UPDF dans la région et travaillent étroitement avec eux pour procéder à des échanges transfrontaliers.

défendre contre les Lendus, leurs ennemis traditionnels. Selon les Lendus, certains Hemas ont corrompu les autorités locales en vue de modifier les registres de propriété foncière. La nomination, sur intervention ougandaise d'un Hema comme gouverneur du district de l'Ituri accrédite cette thèse. Par la suite, les Lendus (des Bantous, appartenant à la même souche que les Hutus) se sont organisés en milices soutenues par Kinshasa pour contrecarrer les manœuvres douteuses des Hemas (cousins lointains des Nginti, appartenant à la même souche que les Tutsis), qui comme une majorité des Ougandais, font partie du groupe nilotique. Ceux-ci ont sollicité la protection des militaires ougandais.

Sur fond de ses dissensions claniques, l'Ituri se transforme progressivement en une économie de pillage. À ce propos, l'Ituri apparaît comme une sorte de citadelle convoitée de toutes parts. Les Ougandais, à travers leur président Yoseweri Museveni, la considèrent comme une zone idoine pour le commerce et l'entrepreneuriat ougandais dans la filière minière. Ainsi le conflit armé découle, en partie, des tentatives des dirigeants politiques et hommes d'affaires influents de s'approprier les ressources de la zone. Les premiers, souvent sous obédience ougandaise, participent à la formalisation d'une animosité ethnique entretenue à dessein par l'Ouganda. Les seconds cherchent à accroître les avantages qu'ils tirent des activités commerciales du réseau d'élite par le biais de la société *Trinity Investment*. Le pillage des ressources devient le moteur principal de l'économie. Certes, le rapport s'établissant entre la prédation des ressources et le conflit ethnique entre Hemas et Lendus pour des questions foncières et droits de pêche, pourrait être entendu comme purement circonstanciel. Cela ne l'empêche pas d'avoir des incidences sur la durée de la guerre.

Le rôle de l'UPDF dans l'aggravation des conflits doit être mis en lumière. Elle procure des armes aux deux parties au conflit ethnique. Sommée de participer au processus de paix à Bunia, elle s'est impliquée en faveur du protocole d'accord. Ce protocole a été signé le 22 février 2002 par Mbusa Nyamwisi et John Tibasima, respectivement Président et Vice-président du RCD/K-ML, et par le colonel Noble Mayombo, représentant officiel du Gouvernement ougandais.
Ce protocole d'accord a donné officiellement à l'UPDF la responsabilité de réduire les conflits armés interethniques en Ituri et d'aider à la promotion d'un retour à la paix en maintenant en place un contingent aux fins d'observation. En échange, une allocation de 25 000 dollars imputée sur le trésor public du RCD/K-ML a été promise à l'UPDF et à toutes les entreprises ougandaises approuvées par elle. En dépit de cela, des luttes d'influence pour le contrôle de certaines régions persistent. Depuis 2005, la dégradation des rapports rwando-ougandais a pour effet la présence d'une ligne de démarcation scindant la province du Kivu en deux : le sud [202] sous influence du Rwanda, tandis que l'Ouganda contrôle les territoires de Béni et de Lubero, situés au nord.

En définitive, la conjugaison des conflits ethniques aux enjeux économiques relatifs aux ressources naturelles est conjoncturelle. Toutefois les deux éléments s'influencent mutuellement, dans la mesure où la prédation des ressources demeure le fer de lance des violences ethniques et de la conflictualité en RDC.

[202] Les territoires de Rutshuru, Masisi, Walikale, et Goma.

2e Partie :

Les ressources naturelles, enjeux de sécurité et de résolution des conflits en RDC

Pendant la guerre, les ressources naturelles ont joué un rôle néfaste comme il a été démontré. Les forces gouvernementales et leurs alliés aussi bien que les groupes rebelles ont instrumentalisé l'exploitation de différentes ressources, pour financer les conflits armés. Par la suite, les préoccupations liées aux relations entre guerres et ressources naturelles en RDC ont suscité une vaste mobilisation, surtout à partir des années 2000. Celle-ci a pris la forme d'une approche pluridirectionnelle, « combinant la recherche des solutions politiques internes à des problèmes internes dans tous les pays de la région avec la recherche des solutions régionales à des problèmes régionaux »[203].
Des initiatives ont été prises sous la pression des institutions et organisations internationales afin de mieux gérer le secteur minier et de régler pacifiquement les conflits en RDC. Les démarches en vue du processus de règlement pacifique des conflits en RDC ont-elles pris en compte la place des ressources naturelles dans la conflictualité congolaise ? Certes, il a été unanimement reconnu que l'exploitation des ressources naturelles constitue l'épicentre de l'alimentation et la prolongation de la conflictualité congolaise. Celle-ci ne devrait, par conséquent, être durablement résolue sans qu'il n'y soit apporté de solution efficace, notamment en termes de réglementation.
La nécessité de prendre en compte ce problème se fait d'autant plus sentir que la résolution des conflits armés en RDC est tributaire de l'amélioration du régime d'exploitation des ressources naturelles. La prise en considération de ces éléments conditionne en effet et à

[203] F. REYNTJENS, « La deuxième guerre du Congo : plus qu'une réédition », in *L'Afrique des Grands Lacs, Annuaire 1998-1999*, L'Harmattan, Paris, 1999, p. 282.

bien des égards, l'avènement d'une paix durable dans cette partie de l'Afrique.

De prime abord, il semblerait que les initiatives régionales et internationales (Chapitre I), puis nationales, (chapitre II) prennent relativement en compte la question de l'exploitation illégale des ressources naturelles.

Chapitre I :

Initiatives internationales et régionales

En RDC, la fragilité des institutions étatiques, la faiblesse de l'économie ont eu des conséquences désastreuses sur l'exploitation des ressources naturelles, en particulier dans l'est du pays. Dans ce contexte, aussi bien le Gouvernement central « exilé » à Kinshasa que les groupes armés, rébellions et armées étrangères en faction dans le reste du pays, ont exploité les richesses naturelles afin d'atteindre leurs objectifs respectifs façonnés à l'aune de leurs différences politiques, ethniques et socioéconomiques. Les problèmes causés par l'exploitation de ces ressources ont amplifié des conflits préexistants. Dès lors, la guerre a favorisé une économie de guerre faite de contrebande et de trafic illégal de ces ressources.

Faible, divisé, incapable, effondré, assailli, confronté à des infiltrations et désordres provenant de ses voisins, le pays a inspiré de nombreuses initiatives internationales. Elles ont surtout visé l'instauration de la sécurité et de la stabilité. On aurait pu espérer que la question des ressources naturelles ait été prise en compte de deux manières. Tout d'abord, par l'inclusion dans les accords de Paix de considérations tenant à la propriété ou à la gestion des ressources naturelles ; ensuite par la préconisation de mesures visant à empêcher les groupes rebelles, les seigneurs de guerre et autres d'exploiter les ressources aux fins de la poursuite de la guerre. Hélas, les propositions ébauchées n'ont pas attribué à la question des ressources naturelles une place spécifique en vue du règlement pacifique des conflits. C'est peut-être la raison pour laquelle presque tous les mécanismes passés en revue et dont l'objectif était l'instauration d'une paix définitive, irréversible et durable, ont quasiment échoué ! En effet, non seulement des microconflits continuent à secouer la RDC, mais de plus, des mutineries éclatent régulièrement dans la partie orientale de la RDC, financées de l'extérieur. La dynamique régionale atteste d'ailleurs d'un déplacement de l'axe du conflit est-ouest, dont le champ se trouve être la RDC, vers un foyer de tension nord-sud focalisé sur le Kivu et la frontière rwando-ougandaise.

Il est cependant utile de revenir sur les efforts entrepris en matière de pacification et leur cohérence (éventuelle) avec la réglementation du système d'exploitation des ressources naturelles en RDC. Ces tentatives de résolution du conflit congolais ont été effectuées à divers échelons, international (I), régional (II), puis local.

I. INITIATIVES INTERNATIONALES

Les problèmes à résoudre en RDC ont une double dimension : interne et externe, du fait du rôle joué par des pays comme le Rwanda et l'Ouganda. La régionalisation du conflit étant une menace à la paix et à la sécurité internationale, deux types d'initiatives ont été prises au niveau international. Ainsi, l'action de l'ONU se distingue par une approche globale en faveur du maintien, le rétablissement et la consolidation de la paix (A). Son intervention a induit d'autres initiatives internationales (B), plus centrées sur les efforts de réglementation/recevabilité du système d'exploitation des ressources naturelles.

A. Action des Nations Unies : Une approche globale

L'ONU a un rôle ambigu dans le conflit congolais. Depuis ses interventions malheureuses en Somalie[204] et au Rwanda[205], sa politique à l'égard du continent a évolué. Elle paraît désormais plus favorable à une régionalisation des opérations de maintien de la paix. Les Américains ont ainsi mis sur pied *l'African Crisis Response Initiative* (ACRI), la France quant à elle a mis en place un programme de renforcement des capacités africaines en maintien de la paix (RECAMP) ; quant aux Britanniques, ils ont déployé *l'Africa Peacekeeping Training Support Programme*, etc.

Les interventions successives de l'ONU dans les différents accords de paix sont révélatrices d'une approche globale, en vue du maintien de la paix et de la sécurité en RDC. La problématique des ressources naturelles y est prise en compte de manière inclusive ou circonstancielle. Cette

---

[204] La Somalie culmine en une guerre civile sanglante au début des années 1990-1991. Le Conseil de sécurité établit une force d'intervention armée dite Opération des Nations Unies en Somalie (ONUSOM). Sur cette base, une force d'intervention unifiée (*United Nations International Task Force* - UNITAF) est établie dès le mois de décembre 1992. La situation selon laquelle un groupe d'États est autorisé à recourir à la force pour intervenir dans un conflit interne, à des fins humanitaires, est inédite ! L'ONUSOM fut écartée et l'opération « Restore Hope » dirigée par les États-Unis, fut investie de l'acheminement de l'aide humanitaire. Toutefois, à partir de la mi-juin 1993, l'intervention humanitaire se mue en guerre où les humanitaires participent pleinement aux hostilités. Finalement, « Restore Hope » se retire en mars 1995 sans avoir réglé le différend.

[205] L'ineffectivité du rôle de l'ONU dans le drame du génocide rwandais est avérée. Dans ce contexte, l'action des Nations Unies peut être regardée comme une longue litanie de non-décisions et de non-interventions : de la signature des accords de paix d'Arusha entre le Gouvernement du Rwanda et le Front Patriotique Rwandais (FPR) du 4 août, à la question des « sanctuaires humanitaires » du Hutu Power au Kivu de 1994 à 1996, etc.

attitude paraît surprenante dans la mesure où la problématique de la souveraineté sur les ressources naturelles de la RDC ayant été perçue comme déterminante dans la prolongation des conflits armés, il semblerait logique qu'elle reçoive dans le cadre de l'action onusienne en RDC une place spécifique. Cela d'autant plus qu'un cadre normatif en matière de souveraineté des États sur leurs ressources naturelles (1) existe. Il serait d'ailleurs intéressant de l'évoquer succinctement. En pratique, l'action spécifique de l'ONU sur le terrain RDC s'en démarque quelque peu (2).

1. Le cadre normatif onusien relatif au principe de la souveraineté des États sur leurs ressources naturelles

Le corpus juridique relatif à la souveraineté des États sur leurs ressources naturelles élaboré dans le cadre des Nations Unies est fécond. Le soutien juridique tiré tant de la Charte des Nations Unies que d'autres textes adoptés par les institutions du système onusien, est assuré. Il importe de vérifier si l'état du droit positif atteste de l'importance toujours grandissante des ressources naturelles du point de vue économique, social, culturel et environnemental.

L'article 2 de la Charte de l'ONU porte sur *« le respect de l'intégrité et de la souveraineté territoriale de l'État »*. La souveraineté sur les ressources naturelles n'y figure pas. Toutefois, cette lacune est atténuée par l'article 1er, alinéa 2 du Pacte international relatif aux droits économiques, sociaux et culturels de 1966, énonçant : « *Pour atteindre leurs fins, tous les peuples peuvent disposer librement de leurs richesses et de leurs ressources naturelles* ».

Une disposition du Pacte International relatif aux droits civils et politiques énonce « *Tous les peuples ont le droit de disposer d'eux-mêmes. En vertu de ce droit, ils déterminent librement leur statut politique et assurent librement leur développement économique, social et culturel* ». La souveraineté sur les ressources naturelles n'est pas explicitement mentionnée. Pourtant, le droit à l'autodétermination des peuples à disposer d'eux-mêmes induit le droit étatique de souveraineté permanente sur les richesses naturelles. Ce second droit dérive du premier. En effet, le contrôle détenu par un État sur ses richesses et ressources naturelles, est le corollaire de la faculté à effectuer librement ses choix politiques, économiques et sociaux. La Charte des Droits et Devoirs des États, le sous-entend. Son article 2 stipule : « *Chaque État détient et exerce une souveraineté entière sur toutes ses richesses, ressources naturelles et activités économiques y compris la possession et le droit de les utiliser et d'en disposer.* »

Dans une situation d'occupation d'un État par un autre, les dommages pouvant éventuellement être causés aux ressources naturelles du territoire occupé devraient être limités. La puissance occupante devrait utiliser les ressources naturelles de manière très circonspecte. La Convention de Genève du 12 août 1949 et son protocole additionnel du 8 juin 1977 ont pris en compte l'éventualité de « l'occupation » en interdisant implicitement « le pillage ». Selon l'article 47 du Règlement annexé à la Convention de La Haye, « *tout pillage est formellement interdit* ». En revanche, le Règlement annexé à la IVe Convention de La Haye de 1907 sur les lois et coutumes de la guerre sur terre, est d'application générale. Applicable à tous les États du fait de son caractère coutumier, ce règlement comporte un article indirectement relatif aux ressources naturelles du territoire occupé[206].

---

[206] Il s'agit de l'article 55 du Règlement qui dispose notamment que : « *l'État occupant ne se considérera que comme administrateur et usufruitier des édifices publics, immeubles, forêts et exploitations agricoles appartenant à l'État ennemi et se trouvant dans le pays*

La Déclaration de Rio sur l'Environnement et le Développement, issue de la Conférence des Nations Unies sur l'environnement et le développement, réunie à Rio de Janeiro du 3 au 14 juin 1992 prévoit, au travers de son article 23, que « *l'environnement et les ressources naturelles des peuples qui se trouvent en état d'oppression, de domination et d'occupation doivent être protégés* ». Néanmoins, d'une part cette déclaration n'a aucune valeur contraignante, car elle constitue ce que l'on appelle communément de la *soft Law*, et d'autre part elle n'énonce pas les modalités de cette protection. Son champ d'action est donc très limité et sert juste à témoigner des efforts législatifs internationaux de rationalisation de la protection des ressources naturelles.

D'autres textes existent. Il s'agit notamment de résolutions des Nations Unies se penchant sur la question des ressources naturelles.

- Résultant d'un projet de résolution déposé par la Pologne en 1952, la résolution A/523 du 12 janvier 1952 convie les États développés, pays membres de l'ONU à conclure des traités commerciaux avec les pays dits « moins développés ». Le premier paragraphe du préambule de la Résolution énonce : « *Considérant que les richesses naturelles des pays arriérés du point de vue économique doivent être exploitées pour réaliser les plans de développement économique, ces pays ont le droit absolu de disposer librement de leurs richesses naturelles.* »[207]

---

occupé. Il devra sauvegarder le fonds de ces propriétés et les administrer aux règles de l'usufruit ». Voir Règlement concernant les lois et coutumes de la guerre sur terre, La Haye, 18 octobre 1907, Deuxième conférence internationale de la Paix, La Haye, 15 juin-18 octobre 1907, Actes et Documents, La Haye, 1907, Vol. I, à la p. 626 et s.

[207] À l'époque, les pays capitalistes firent valoir le fait que la réalisation de plans de développement ne pouvait pas se faire

- La résolution 523 (VI) du 12 janvier 1952 relative au « Développement économique intégré et accords commerciaux » est ainsi libellée :

« *Considérant que les pays insuffisamment développés ont le droit de disposer librement de leurs richesses naturelles et qu'ils doivent utiliser ces richesses de manière à se mettre dans une position favorable pour faire progresser davantage l'exécution de leurs plans de développement économique* ». Cette résolution a surtout le mérite d'être le premier document de l'Assemblée générale à faire mention du droit des peuples à disposer librement de leurs ressources naturelles.

- Le texte le plus important en la matière demeure la résolution 1803 (XVII) du 14 décembre 1962 relative à la souveraineté des États sur leurs ressources naturelles. Son adoption a été un événement décisif dans le processus normatif de reconnaissance du droit des peuples à disposer d'eux-mêmes. Elle accorde une place particulière aux nationalisations[208]. Le § 4 de la résolution 1803 (XVII) énonce : « *La nationalisation, l'expropriation ou la réquisition devront se fonder sur des raisons ou motifs d'utilité publique, de sécurité ou d'intérêt national (...) Le propriétaire lésé recevra une indemnisation adéquate, conformément aux règles en vigueur dans l'État qui prend ces mesures dans l'exercice de sa souveraineté et en conformité du droit international.* »

Ces procédés et celui de la « *zaïrisation* » de l'économie ont été utilisés au Zaïre (actuelle RDC), de 1965 à 1997, durant l'ère Mobutu. L'Union Minière du Haut Katanga,

---

uniquement par la disposition de ressources naturelles mais aussi par les investissements étrangers.

[208] Procédé utilisé en RDC : la Loi Bakajika de 1966 complétée par d'autres a attribué à l'État zaïrois la plénitude des droits sur les richesses du sol et sous-sol.

entreprise étatique exploitant le cuivre et le cobalt notamment, est nationalisée en 1966. Elle devient la Gécamines (Générale des Carrières et des mines).

La Loi Bakajika en matière de naturalisation de 1971 est complétée par de nombreuses autres. Ce texte induit la subordination à un double contrôle du droit international (sur la légitimité de la cause invoquée et le caractère adéquat de l'indemnisation) de l'exercice du pouvoir de nationaliser ou d'exproprier des biens étrangers. La conditionnalité du « motif d'utilité publique » est nécessaire à la mise en œuvre de la nationalisation.

Le §7 de la Résolution du 14 décembre, intitulé « Souveraineté permanente sur les ressources naturelles » dispose : « La violation des droits souverains des peuples et des nations sur leurs richesses et leurs ressources naturelles va à l'encontre de l'esprit et de la lettre des principes de la Charte des Nations Unies et empêche le développement de la coopération internationale et le maintien de la paix. »

Cette dernière remarque peut être précisée par Dominique Rosenberg[209] : « La Déclaration 1803 est considérée par un grand nombre de juristes comme une résolution déclarative ou déclaratoire, c'est-à-dire une déclaration appliquant le droit existant. Dire que cette résolution ne constitue qu'une recommandation sans force juridique obligatoire revient à nier les principes qu'elle énonce. Or, tel n'est pas le but des résolutions des Nations Unies ! » D'ailleurs, la plupart des juristes lui ont reconnu une valeur contraignante certaine, tandis que d'autres ont soit nié cette force obligatoire, soit exprimé des doutes à ce sujet.

---

[209] D. ROSENBERG, *Le principe de souveraineté des États sur leurs ressources naturelles*, Librairie générale de droit et de jurisprudence, 1983, p. 200.

Cette résolution et la pléthore de textes législatifs en la matière laissent penser que le droit des peuples à disposer de leurs ressources naturelles n'a pas été délaissé par la science juridique onusienne. Il légitime l'invocation de ce corpus juridique en RDC où cette problématique se pose de manière incidente. En effet, la mobilisation de l'ONU en RDC a pour objectif premier le règlement pacifique des conflits. Cet objectif ne se situe pas en contradiction avec la régulation des atteintes portées au droit des peuples à disposer de leurs ressources naturelles.

2. *L'inclusion du problème posé par les ressources naturelles dans le processus global de paix ?*

Les compétences de l'ONU en matière de règlement pacifique des différends, sont réparties entre trois organes principaux : l'Assemblée générale, le Conseil de sécurité et le Secrétariat général. Néanmoins, le rôle primordial dans ce domaine est assumé par le Conseil de sécurité, particulièrement en cas d'agression. L'organe politique des Nations Unies est en effet garant du maintien de la paix et de la sécurité internationales[210]. Pourtant, lorsque ses voisins de l'est, en l'occurrence le Rwanda et l'Ouganda occupent la RDC à partir du mois d'août 1996, l'ONU observe un mutisme « assourdissant »[211]. La première résolution du Conseil de sécurité date du 9 avril 1998, soit près de deux ans plus tard ! D'ailleurs les déclarations du Conseil de sécurité du 31 août 1998 et du 31 décembre 1998 sont dépourvues d'effet contraignant. Cette réserve de l'organe exécutif de l'ONU surprend. En la matière,

---

[210] M.-A. COHENDET, *Droit public : méthodes de travail*, 3e éd., Montchrestien, Paris, 1998, p. 39.

[211] On peut utilement lire à ce sujet, H. MUSOKA MUTUMBI, « Le silence de la communauté internationale devant le conflit armé en République démocratique du Congo : Question politique ou question de droit ? », Mémoire de Licence en droit, ULPGL, Goma (RDC), 1999 – 2000, 125 p.

tous les accords régionaux sont subordonnés à la Charte de l'ONU. Son intervention dans le conflit a été tardive[212]. Ce n'est réellement qu'à partir de 1999 que des résolutions à propos de la RDC ont été votées au Conseil de sécurité des Nations Unies. Ces résolutions portent plus sur la cessation des hostilités que sur les ressources naturelles.

Par sa résolution 1234 du 9 avril 1999, le Conseil de sécurité :

- exige l'arrêt immédiat des hostilités ;
- demande la signature immédiate d'un accord de cessez-le-feu permettant le retrait ordonné de toutes les forces étrangères et accentue, dans le contexte d'un règlement pacifique durable, l'importance de la tenue du dialogue politique ouvert à tous les Congolais ;
- appuie le processus de médiation régionale mené par l'OUA et la communauté de développement de l'Afrique australe en vue de parvenir à un règlement pacifique du conflit en RDC ;
- demande à toutes les parties au conflit de continuer, dans le cadre de ce processus de médiation régionale, à œuvrer efficacement à la conclusion d'un accord de cessez-le-feu et au règlement du conflit en RDC ; et fait appel à tous les États de la région pour qu'ils conçoivent les conditions nécessaires à un règlement rapide et pacifique de la crise et qu'ils s'abstiennent de tout acte qui risquerait d'aggraver la situation.

L'action du Conseil de sécurité consiste surtout à inciter les protagonistes en présence, comme le lui autorise l'article 33, § 2 de la Charte, à régler leurs différends par

---

[212] On peut évoquer deux raisons majeures :
- d'abord, la politique d'isolement diplomatique du gouvernement congolais de Laurent-Désiré KABILA par la communauté internationale après la deuxième Guerre du Congo (1998) ;
- puis l'appui indéfectible des USA et de la Grande-Bretagne au Rwanda et à l'Ouganda, deux de leurs meilleurs alliés en Afrique, surtout depuis le génocide rwandais d'avril 1994.

des moyens pacifiques désignés au § 1 du même article, et ce conformément à deux prescriptions impératives portées par l'article 2, § 3 et 4 de la Charte.

Pourtant, ce n'est qu'à partir de l'année 2000 que l'implication de l'ONU en faveur du règlement pacifique du différend porte ses fruits.

Grâce aux bons offices[213] de Kofi Annan, diverses déclarations émanant des Nations Unies font de plus en plus allusion à la nécessité de protéger l'intégrité territoriale congolaise. Néanmoins ces exhortations sont formulées avec prudence. Le Conseil de sécurité s'emploie soigneusement à ne jamais utiliser les concepts d'agression ou d'occupation dans ses différentes résolutions[214]. Le caractère meurtrier des combats de Kisangani impliquant le Rwanda et l'Ouganda en 2000, décide néanmoins l'ONU à employer ce vocable, en citant nommément ces deux États.

Prise au début du processus de paix, la résolution 1279 du 30 Novembre 1999 décide de la création de la Mission de l'ONU en République démocratique du Congo (MONUC), la dotant d'un mandat allant jusqu'au 1er mars 2000[215].

---

[213] Les bons offices désignent l'intervention (plus discrète qu'une médiation) d'une tierce puissance ou d'une tierce personnalité, tels le Secrétaire général de l'ONU ou le Président en exercice de l'Union africaine ou encore le Président de la Commission de cette dernière, qui juge « bon d'offrir » son entremise pour faire cesser un litige entre deux États au moins, ou qui est invité à le faire par l'un ou les deux États en conflit.

[214] Il faut noter cependant la concordance des concepts employés avec ceux résultant de la définition de l'agression donnée par la résolution 3314 (XXIX) de l'Assemblée générale des Nations Unies du 14 décembre 1974 (article 1) et la résolution 1234 du 9 avril 1999.

[215] Ce mandat sera prorogé à maintes reprises par des résolutions additionnelles dont la première est la résolution 1291 du 24-02-00 prorogeant le mandat de la MONUC jusqu'au 31 août 2000, etc.

La résolution 1291 votée le 24 février 2000 par le Conseil de sécurité renouvelle le mandat de la MONUC. Elle décide du « *retrait ordonné de toutes les forces étrangères* », tout en minimisant l'importance du dialogue intercongolais mené en parallèle. D'après Claire Tessier : « *L'ONU se situe alors clairement du côté de Kabila et contre les mouvements soutenus par le Rwanda et l'Ouganda. Suite à la reprise des combats à Kisangani (Rwanda/Ouganda), l'ONU dit pour la première fois que la RDC est victime d'une agression caractérisée et que ces agresseurs sont nommément désignés (Rwanda et Ouganda)* »[216].
Paradoxalement, l'ONU qui ne fait aucune allusion au dialogue intercongolais, ne conteste pas le processus de paix de Lusaka[217] (optant pour un règlement intercongolais inclusif) et insiste au contraire sur le respect de cet accord. Cette position est contradictoire, car l'accord de Lusaka subordonne le retrait des troupes étrangères à l'organisation de négociations intercongolaises[218].
En 2000, le Conseil de sécurité des Nations Unies institue un panel d'experts sur l'exploitation illégale des ressources naturelles[219] et des autres formes de richesse en

---

[216] C. TESSIER, *La régionalisation des conflits et de la paix : le cas des Lacs*, 4e année, Coopération internationales et développement Séminaire « Régionalisme et Régionalisation » Daniel Bach, 2005, 18 p.

[217] Signature à Lusaka (Zambie) d'un accord de cessez-le-feu par Kinshasa et ses alliés (Zimbabwe, Angola et Namibie) ainsi que par l'Ouganda et le Rwanda qui appuient la rébellion.

[218] *Ibid.*

[219] Le Conseil de sécurité a institué, pour la première fois, le Groupe d'experts par la déclaration de son Président le 2 juin 2000. D'autres déclarations ont été adoptées en vue de la prolongation de son mandat. On peut lire utilement, à ce propos, le rapport Mahmoud KASSEN présenté par le Groupe d'experts le 16 octobre 2002, P. 1. Mais, techniquement, le Conseil aurait dû agir par voie de résolution.

RDC. Il a pour mission de recueillir des informations et d'émettre des recommandations au Conseil sur l'exploitation illégale des ressources en RDC et ses liens avec le conflit.
La Résolution 1468 adoptée par le Conseil de sécurité des Nations Unies (New York) le 20 mars 2003 prend acte de l'accord de Lusaka du 6 septembre 2002. Le Conseil de sécurité autorise l'envoi d'officiers de liaison et celui, sur le terrain, de la MONUC, créée par la résolution 1279 précitée, du 30 novembre 2000. Un accord ultérieur est conclu par les parties congolaises à Pretoria, le 6 mars 2003, relatif aux dispositions transitoires.
D'autres résolutions sont prises de 2003 à 2004, qu'il suffit d'énumérer :
- résolution 1468 adoptée par le Conseil de sécurité des Nations Unies (New York, 20 mars 2003), résolution 1489 adoptée par le Conseil de sécurité des Nations Unies (New York, 26 juin 2003), résolution 1493 adoptée par le Conseil de sécurité des Nations Unies (New York, 25 juillet 2003), résolution 1499 adoptée par le Conseil de sécurité des Nations Unies (New York, 13 août 2003), résolution 1501 adoptée par le Conseil de sécurité des Nations Unies (New York, 26 août 2003), etc.

À la suite des nombreuses dénonciations opérées par la société civile, le Conseil de sécurité déclare, par voie de résolution : « *les ressources naturelles du pays ne doivent pas servir à y financer le conflit* »[220]. D'ailleurs, aux termes de sa résolution 1291 du 24 février 2000, le Conseil prie le Secrétaire général de lui rendre compte, dans les 90 jours, des moyens qui pourraient être mis en œuvre pour y mettre un terme[221]. La Déclaration du Président du Conseil de sécurité des Nations Unies (New

---

[220] Résolution 1376 du 9 novembre 2001, § 8, in MONUC, *op. cit.*
[221] Paragraphe 17 de cette résolution.

York, 16 mai 2003), incite le Conseil de sécurité à mettre en place un Comité de sanctions chargé de la supervision de la mise en œuvre de l'embargo sur les armes en RDC[222].

Le mandat du Groupe d'experts, après avoir été renouvelé en vertu de la résolution 1457 du 24 janvier 2003, est ensuite élargi par le Conseil, dans le cadre de sa résolution 1533 du 11 mars 2004, à la vérification du lien entre l'exploitation illégale des ressources naturelles de la RDC et la violation de l'embargo sur les armes que le Conseil de sécurité avait décidé au § 20 de sa résolution 1493 du 28 juillet 2003, contre les groupes armés opérant à l'est du pays[223].

Dans de nombreux rapports, dont le Conseil de sécurité souligne la contribution au processus de paix[224], le Groupe d'experts fait état du pillage et de la prédation des ressources naturelles du Congo et formule des recommandations[225]. Il est certain que la publication de ces rapports a pour effet d'exercer des pressions politiques sur tous les protagonistes du conflit. Précédé par la

---

[222] Résolution du Conseil de sécurité des Nations Unies S/RES/1533 du 12 mars 2004.

[223] Voir respectivement les paragraphes 9 et 10 des résolutions 1457 et 1533.

[224] Résolution 1376 du 9 novembre 2001, § 8, in MONUC.

[225] Afin de mieux réglementer le commerce des ressources minières, dans son rapport de décembre 2008, le Groupe d'experts recommandait que le Conseil de sécurité demande à la MONUC d'établir des équipes de contrôle des frontières à Bunagana et Kasindi pour effectuer des contrôles transfrontaliers ponctuels. (Rapport du Groupe d'experts des Nations Unies, décembre 2008, p. 57). Le Groupe recommandait également aux États membres d'élaborer une carte des régions riches en minéraux et de la position des groupes armés et de la publier afin d'informer les entreprises commerciales sur l'origine des minéraux qu'elles achètent. Ces deux recommandations sont maintenant réalité. (Rapport du Groupe d'experts des Nations Unies, décembre 2008, p. 58).

Résolution 1804 adoptée par le Conseil de sécurité des Nations Unies (13 mars 2008) relative aux FDLR et autres groupes armés rwandais opérant dans l'est de la RDC, le dernier rapport du GRIP date du 14 décembre 2008[226]. Afin de mieux réglementer le commerce minier, dans ce rapport de décembre 2008, le Groupe d'experts recommandait que le Conseil de sécurité demande à la MONUC d'établir des équipes de contrôle des frontières à Bunagana et Kasindi pour effectuer des contrôles transfrontaliers ponctuels[227]. Dans de nombreux rapports, ledit Groupe d'experts dénonce les réseaux criminels opérant dans l'est de la RDC et apportant un soutien aux groupes armés, et s'attarde sur le rôle du secteur minier. À la suite des recommandations du Groupe d'experts, le Conseil de sécurité a donné pour mandat à la MONUC d'« empêcher la fourniture d'un appui aux groupes armés illégaux, y compris par des moyens tirés d'activités économiques illicites » et d'« utiliser ses moyens de surveillance et d'inspection pour empêcher les groupes armés illégaux de bénéficier d'un appui provenant du trafic des ressources naturelles »[228]. Dans une résolution ultérieure, le Conseil de sécurité a étendu l'interdiction de voyager et le gel des avoirs pour y inclure les personnes ou entités appuyant les groupes armés illégaux dans l'est de la République démocratique du Congo au moyen du commerce illicite de ressources naturelles[229]. Cette résolution incite les États membres à s'assurer que les

---

226 Rapport final du Groupe d'experts des Nations Unies sur le financement des mouvements rebelles en RDC. Voir : www.grip.org/pub/rapports/rg05-1_rdc.pdf

227 Rapport du Groupe d'experts des Nations Unies, décembre 2008, p. 57.

228 Résolution du Conseil de sécurité des Nations Unies S/RES/1856 du 22 décembre 2008, paragraphes 3(g) et (j), pp. 4–5.

229 Résolution du Conseil de sécurité des Nations Unies S/RES/1857 du 22 décembre 2008, paragraphe 4(g), p. 3.

importateurs, les industries de transformation et les consommateurs « exercent toute la précaution voulue à l'égard de leurs fournisseurs et de l'origine des minéraux qu'ils achètent » et à communiquer au Comité de sanctions des Nations Unies les noms des personnes ou entités pour inscription sur la liste d'interdiction de voyager et de gel des avoirs[230]. Les résolutions du Conseil de sécurité ayant un caractère légalement contraignant, les personnes incriminées peuvent être poursuivies pour transactions commerciales bénéficiant aux groupes armés.

Mais le Groupe d'experts a également indiqué que de nombreux États membres n'appliquaient pas entièrement les sanctions existant à l'encontre des personnes. Son mandat a d'ailleurs été renouvelé, ce qui confirme que sa mission en RDC demeure inachevée. D'ailleurs, suite aux recommandations du Groupe d'experts, le Conseil de sécurité a encore étendu le mandat de la MONUC[231].

Le rapport entre processus du règlement des conflits et cessation de l'exploitation frauduleuse des richesses de RDC est ténu. L'inflation des résolutions onusiennes ne témoigne pas forcement de l'efficacité du rôle des Nations Unies, ni en vue de la pacification de la RDC, ni en vue de la cessation de l'exploitation illicite des ressources. Peut-être parce que la législation onusienne se réfère partiellement ou peu explicitement au problème posé par les ressources naturelles. L'approche onusienne est restée

---

[230] Résolution du Conseil de sécurité des Nations Unies S/RES/1857 du 22 décembre 2008, paragraphes 15–16.

[231] À l'origine restreint à une mission d'observation, son mandat est désormais entièrement placé sous chapitre VII de la Charte des Nations Unies. Cette évolution s'est accompagnée d'un renforcement substantiel de ses effectifs. Le 1er octobre 2004 (résolution 1565), le plafond d'effectifs de la MONUC a été porté à 16 700 hommes, ce qui en fait, en nombre, la force des Nations Unies la plus importante dans le monde. Son déploiement est désormais concentré sur les régions de l'est (Ituri, Kivus), où la situation sécuritaire reste la plus instable.

centrée sur la résolution du conflit en général, sans prendre suffisamment en compte l'impératif de règlement dudit conflit avec en perspective les ressources naturelles. Elle a traité les deux questions de manière quasiment séparée alors qu'il fallait adopter une approche liant les deux éléments. De plus, sur le terrain, l'efficacité de la MONUC s'est avérée restreinte. Les accords successifs négociés sous l'égide de l'ONU, afin de tenter de pacifier la région des Grands Lacs ont quasiment tous échoué.
En définitive, les nombreuses résolutions du Conseil de sécurité concernant tant la résolution des conflits que les ressources naturelles de la RDC ont eu un impact surtout emblématique. Déployée en RDC en 2000, la MONUC a très vite montré son impuissance à faire respecter les innombrables cessez-le-feu et l'arrêt des combats. De nombreux scandales liés à l'exploitation sexuelle et à des accusations de viols ont terni la réputation des casques bleus. Sept cents d'entre eux se sont montrés incapables de protéger les populations civiles de Bunia (Ituri), lors d'affrontements entre milices hemas et lendus en mai 2003. De même, la MONUC n'a pu empêcher le massacre, survenu le 9 juillet 2005 à Ntulu-Mamba, d'une cinquantaine de personnes dont la majorité était des femmes et des enfants. Des exemples de ce genre sont innombrables ! En janvier 2012, l'ONU s'est prononcée pour un maintien de sa mission jusqu'en 2014, signalant implicitement que jusque-là elle n'avait pas pu remplir sa mission, c'est-à-dire amener la RDC à se tenir « debout » toute seule.
Toutefois, certaines actions peuvent être mises au crédit des Nations Unies. Il s'agit notamment de l'assistance onusienne à la facilitation de la conclusion des accords de paix.

Cet appui prend deux formes principales :
Tout d'abord, l'assistance technique apportée par le Secrétaire général de l'ONU à la médiation régionale. Il a pu désigner deux personnalités relevant directement du Secrétariat général : l'une en qualité d'Envoyé spécial pour le processus de paix en RDC et l'autre comme Représentant dans la région des Grands Lacs. Ces nominations ont contribué à rapprocher toutes les parties au conflit dans le cadre des négociations qui ont abouti à la conclusion de l'Accord de Lusaka. Ensuite, le dialogue intercongolais de Sun City s'enlisant (les Congolais ne s'étant pas mis d'accord sur le partage du pouvoir), c'est encore le Secrétaire général qui apaisera les dissensions entre les parties par la désignation de Moustafa Niasse comme Envoyé spécial pour le dialogue intercongolais.

Pour finir, le soutien politique apporté au processus de paix par le Conseil de sécurité des Nations Unies a eu une portée symbolique. Le forum politique a en effet félicité l'Organisation de l'Unité africaine et la Communauté de Développement de l'Afrique australe des efforts qu'elles ont déployés pour trouver une solution pacifique au conflit en République démocratique du Congo. Cette déclaration politico-diplomatique, de même que les visites régulières opérées par les membres du Conseil de sécurité dans les pays de la région, ont encouragé les divers protagonistes à œuvrer davantage en faveur de la paix.
Au bout des cinq années de procédure, l'organe judiciaire principal des Nations Unies, la Cour Internationale de Justice, a rendu un arrêt le 19 Décembre 2005, relativement à *l'affaire des activités armées sur le territoire de la République démocratique du Congo*. Dans cette décision, la Cour Internationale de Justice a confirmé la responsabilité de l'Ouganda relativement à des violations de l'intégrité territoriale de la République

démocratique du Congo par des actes militaires sur le territoire de la RDC.

En fin de compte, aucune des initiatives onusiennes en faveur de la paix ou pour une rationalisation de l'exploitation des ressources naturelles n'a entièrement porté ses fruits. En dépit du caractère légalement coercitif des résolutions de l'ONU, les sanctions et recommandations énoncées par les différents rapporteurs n'ont pas été mises en œuvre au niveau des États impliqués. Et les conflits en RDC perdurent. D'autres initiatives ont cependant été prises relativement au secteur minier international, qu'il convient d'évaluer.

B. Les autres initiatives internationales

Les autres propositions formulées au niveau international ont eu pour effet de réduire l'impact négatif sur un plan social et humain de l'exploitation illicite des ressources congolaises.

Les experts du panel des Nations Unies ont insisté sur la conformité de ces initiatives aux principes directeurs de l'OCDE[232]. Ces normes auxquelles les gouvernements adhèrent de manière volontaire se réfèrent aux stratégies des entreprises en matière de bonne gouvernance, droits humains, etc. Elles ont d'ailleurs permis d'évaluer le rôle joué par les entreprises dans l'alimentation des activités économiques des groupes militarisés de l'est de la RDC. À cet effet, le Panel a spécifiquement recommandé que les gouvernements signataires[233] s'assurent que les entreprises

---

[232] L'OCDE est un forum unique en son genre où les gouvernements de 30 démocraties œuvrent ensemble pour relever les défis économiques, sociaux et environnementaux que pose la mondialisation. L'OCDE est aussi à l'avant-garde des efforts entrepris pour comprendre les évolutions du monde actuel et les préoccupations qu'elles font naître.

[233] Les pays membres de l'OCDE sont : l'Allemagne, l'Australie, l'Autriche, la Belgique, le Canada, la Corée, le Danemark, l'Espagne,

enregistrées sur leurs territoires n'enfreignent pas les principes de l'OCDE. D'autres actions à visée régionale ont également été menées dans le cadre de l'OCDE. Elles ont abouti à la Déclaration de Kinshasa (juillet 2008) et à la tenue du Forum de Haut Niveau d'Accra (septembre 2008). Ces rencontres portent sur la mise en œuvre du suivi de l'application des « *Principes pour l'engagement international dans les États fragiles et les situations précaires* ». En RDC, ils devraient favoriser des avancées en matière de coopération entre les pays de la Conférence Internationale sur la Région des Grands Lacs (CIRGL) ou ceux de la Communauté de Développement Économique (des pays de l'Afrique australe : SADC)[234], et donc, à terme, la paix et la sécurité.

Les initiatives au niveau du secteur minier international témoignent de la préoccupation internationale face à l'exploitation illégale des richesses de la RDC. Dans ce cadre, l'Initiative pour la transparence dans les industries extractives (ITIE) s'est engagée en faveur du redressement de la situation en RDC[235]. Après des débuts difficiles

---

les États-Unis, la Finlande, la France, la Grèce, la Hongrie, l'Irlande, l'Islande, l'Italie, le Japon, le Luxembourg, le Mexique, la Norvège, la Nouvelle-Zélande, les Pays-Bas, la Pologne, le Portugal, la République slovaque, la République tchèque, le Royaume-Uni, la Suède, la Suisse et la Turquie. La Commission des Communautés européennes participe aux travaux de l'OCDE.

[234] Voir le rapport pays relatif au Suivi des Principes d'engagement international dans les États fragiles et les situations précaires.
Rapport Pays : République démocratique du Congo : www.oecd.org/dataoecd/39/10/44654756.pdf

[235] L'Initiative pour la Transparence dans les Industries Extractives est une coalition de gouvernements, d'entreprises, de groupes venant de la société civile, d'investisseurs et d'organisations internationales. Elle veille à l'amélioration de la gouvernance dans les pays riches en ressources à travers la vérification et la publication complète des paiements effectués par les entreprises et des revenus perçus par les gouvernements provenant du pétrole, du gaz et des minerais. Son

(élections générales en mars 2007), la mise en œuvre du processus ITIE en RDC a débuté. En premier lieu, la République démocratique du Congo a été reconnue comme pays candidat à l'ITIE lors de la réunion du Conseil d'administration à Accra, le 22 février 2008. Peu de temps après l'adhésion de la RDC en mars 2010, un Comité national a été créé et a publié un programme de travail[236]. L'ITIE a ensuite élaboré 6 outils visant à lutter contre l'exploitation illégale des ressources naturelles, à savoir : (1) le mécanisme de certification régionale, (2) l'harmonisation des législations nationales, (3) la base de données régionales sur le flux des minerais, (4) la formalisation du secteur minier artisanal, (5) la promotion de l'Initiative de Transparence dans les Industries Extractives et (6) le mécanisme d'alerte précoce.

En date du 14 décembre 2010, le Conseil d'administration de l'ITIE a reconnu la République démocratique du Congo comme pays candidat « *proche de la conformité* ». Un délai de six mois (jusqu'au 12 juin 2011) lui a été accordé afin d'exécuter les mesures correctives (ou correctrices) afin d'atteindre la conformité. Les paiements reçus par le gouvernement congolais et provenant des entreprises pétrolières et minières actives dans le pays en 2008 et 2009, correspondant à un montant d'environ 771 millions de dollars ont été rendus publics le 8 mars 2012. Toutefois, des écarts importants et inexpliqués relevés entre les chiffres divulgués par les entreprises et ceux du gouvernement dans le secteur minier industriel et

---

objectif consiste à raffermir la gouvernance en améliorant la transparence et la responsabilité dans le secteur des industries extractives.

[236] Voir eitransparency.org/fr/R%C3%A9publiqueD%C3%A9mocratiqueCongo

artisanal[237], laissent penser que l'exploitation minière frauduleuse a toujours cours. Forts de toutes les faiblesses et points forts de cette initiative, il semble que ce processus ait une influence positive en termes d'image et de crédibilité conférée à la RDC.

Encore au plan international, un système de certification du processus de Kimberley (KPCS) est mis en place en janvier 2003. Il s'agit d'un dispositif international de certification de l'origine des diamants, dont l'objectif est de mettre un terme au commerce des « diamants des conflits »[238]. Selon « Le commerce au service de la paix », le processus de Kimberley a clarifié la gestion du secteur du diamant mais la production et les ventes restent encore largement sous-déclarées. Toutefois l'objectif très spécifique du KPCS d'éviter que les diamants soient utilisés pour financer des conflits a été dans une certaine mesure atteint. Il semble que le processus de Kimberley ait eu un impact positif sur les exportations officielles en RDC. Les statistiques de 2003 montrent que celles-ci ont brusquement augmenté. Les effets immédiats sont donc positifs pour la RDC. Sur le long terme, les initiatives internationales qui militaient pour l'établissement d'un système de gouvernance des ressources naturelles n'ont pas inclus dans leur champ d'action la politique

---

[237] Le rapport ITIE peut être consulté sur le site Internet de l'ITIE RDC à : http://www.itierdc.org/

[238] Historique et fondements du processus : L'origine du processus de Kimberley remonte à mai 2000, date à laquelle les pays producteurs de diamants d'Afrique australe se sont réunis à Kimberley, en Afrique du Sud, pour débattre des moyens à employer pour mettre un terme au commerce des « diamants de la guerre » et pour veiller à ce que le commerce des diamants ne finance pas les activités de mouvements rebelles violents et de leurs alliés visant à déstabiliser des gouvernements légitimes.
Voir : www.kimberleyprocess.com/web/kimberley-process/kp-basics.

d'allocation des ressources, le processus de distribution, le rôle des mécanismes indigènes de gestion des ressources, la question des droits humains, la demande du marché international, la complexité des effets environnementaux liés à l'extraction des ressources, la taxation de telles ressources ; en somme, tout ce qui constitue la variable nationale et internationale de la politique de gestion des ressources de RDC. Au demeurant, seule une prise en compte de tels facteurs déterminants devrait permettre aux mécanismes internationaux conçus pour lutter contre l'exploitation illicite et la prédation des ressources, comme le Processus de Kimberley ou l'ITIE, et les initiatives nationales et régionales de transparence d'assurer un succès significatif à l'entreprise d'assainissement du système des ressources naturelles de RDC.

II. INITIATIVES RÉGIONALES

Les initiatives les plus significatives ont été accomplies dans le cadre régional africain, au niveau de la SADC et de l'OUA, aujourd'hui UA[239]. Sur le plan juridique, l'intervention d'une puissance régionale africaine en matière de règlement des conflits se fait en vertu du droit international général. Le droit international africain justifie

---

[239] Les objectifs de l'Union sont les suivants :

- Réaliser une plus grande unité et solidarité entre les pays africains et entre les peuples d'Afrique ;
- Défendre la souveraineté, l'intégrité territoriale et l'indépendance de ses États membres ;
- Accélérer l'intégration politique et socioéconomique du continent ;
- Promouvoir et défendre les positions africaines communes sur les questions d'intérêt pour le continent et ses peuples ;
- Favoriser la coopération internationale, en tenant dûment compte de la Charte des Nations Unies et de la Déclaration Universelle des Droits de l'Homme ;
- Promouvoir la paix, la sécurité et la stabilité sur le continent.

également l'impératif de règlement pacifique des conflits en RDC. À ce sujet, l'Acte constitutif de l'Union africaine (Traité de Lomé, du 11 juillet 2000), article 3, alinéa dispose : « *l'Union africaine fonctionne conformément aux principes suivants : règlement pacifique des conflits entre les États membres de l'Union par les moyens appropriés qui peuvent être décidés par la Conférence de l'Union, etc.* »[240]. Par ailleurs, l'article 4 de cette convention évoque l'ensemble de principes suivants :

(a) Égalité souveraine et interdépendance de tous les États membres de l'Union ;

(b) Respect des frontières existant au moment de l'accession à l'indépendance ;

(c) Participation des peuples africains aux activités de l'Union ;

(d) Mise en place d'une politique de défense commune pour le continent africain ;

(e) Règlement pacifique des conflits entre les États membres de L'Union par les moyens appropriés qui peuvent être décidés par la Conférence de l'Union[241].

La Convention Africaine pour la conservation de la nature et des ressources naturelles du 15 septembre 1968[242],

---

[240] Cet article reprend à l'identique l'article 3 de la Charte de l'OUA, ayant précédé l'UA, selon lequel : « *Les États membres, pour atteindre les objectifs énoncés à l'article II affirment solennellement les principes suivants : règlement pacifique des différends, par voie de négociation, de médiation, de conciliation ou d'arbitrage ». Aux termes de l'article 6 de cette Charte, les États membres s'engageaient à respecter scrupuleusement ces principes affirmés par l'article 3 susvisé.*

[241] L'article 3 de la charte de l'OUA garantissait à tous les États membres leur droit à la souveraineté et à leur intégrité territoriale ainsi que l'article 2 de la Charte des droits et devoirs économiques des États sur leurs ressources naturelles et richesses nationales sans oublier la Déclaration des Nations Unies sur la souveraineté permanente des États sur leurs ressources naturelles.

légitime quant à elle l'action des États africains dans le processus de paix et en vue du rétablissement de l'intégrité territoriale et la souveraineté de la RDC sur ses ressources naturelles. Par ailleurs, ces États participent à des conventions instituant des organisations internationales sous-régionales qui édictent des obligations similaires. Il en est ainsi des traités instituant la Communauté économique des Pays des Grands Lacs (CEPGL) en 1976, la Communauté de développement de l'Afrique australe (SADC) en 1992 (article 4) et le Marché commun de l'Afrique orientale et australe (COMESA) en 1994. Elles sont favorables au règlement pacifique des différends, par voie de négociation, de médiation, de conciliation ou d'arbitrage. C'est dans ce contexte que le Guide libyen, ayant pour ambition d'être le stabilisateur de la région, propose ses bons offices.

A. Les bons offices de la Libye

À la fin de l'année 1998, le colonel Kadhafi[243] propose ses bons offices dans le conflit congolais, dans le but de favoriser une rencontre entre rébellions et autorités gouvernementales. Cette initiative se comprend dans la perspective de la résolution des conflits en RDC. Elle n'apporte rien à la démonstration de la prise en compte des ressources naturelles dans la gestion et la résolution de ce conflit, mais mérite d'être succinctement évoquée. Le chef d'État libyen rencontre Laurent-Désiré Kabila, Yoweri Museveni, et Wamba dia Wamba (alors chef de la

---

[242] Convention Africaine sur la conservation de la nature et des ressources naturelles (version révisée), Union Africaine, Maputo), Mozambique, 11 juillet 2003, 32 p.

[243] Mouammar Kadhafi, né le 19 juin 1942 à Qasr Abou Hadi et mort le 20 octobre 2011 dans les environs de Syrte, communément appelé le colonel Kadhafi, était un militaire, homme d'État et idéologue politique libyen.

rébellion). De ce fait, un accord est signé à Syrte (Libye) le 18 avril 1999, par la RDC, l'Ouganda et le Tchad. Soutenant, par l'intermédiaire du Tchad, les forces armées congolaises dans le nord du Congo, le Colonel Kadhafi souhaite éviter la mise à l'écart de Laurent-Désiré Kabila. Cette situation aurait, d'après lui, entraîné un démembrement immédiat du Congo. En définitive, cet accord s'avère un échec en raison de sa contestation par le Rwanda. Nonobstant cela, l'accord de Syrte est néanmoins reconnu par le Conseil de sécurité de l'ONU.

Un autre sommet est convoqué à Syrte par le colonel Kadhafi à la mi-mai 1999. Les présidents Kabila de RDC, Compaoré du Burkina Faso, Deby du Tchad, Afweworki d'Érythrée, Patassé de République centrafricaine (RCA), Jammeh de Gambie, le vice-président (à l'époque) Kagamé du Rwanda, les anciens présidents Nyerere de Tanzanie et Ben Bella d'Algérie, ainsi que M. Niasse, envoyé spécial de l'ONU, s'y rencontrent. Pour la première fois, Kabila accepte d'engager un dialogue avec les rebelles congolais qui, dès lors, prendront part au processus de Lusaka. Les initiatives de la Communauté de développement d'Afrique australe (ou SADC, acronyme de l'anglais Southern African Development Community) s'avèrent plus décisives.

B. L'action de la Communauté de Développement de l'Afrique Australe (SADC) et L'Union Africaine (UA)

Les réponses politiques apportées par la SADC et l'UA relativement au règlement du conflit sont considérables. Certes, l'action de la SADC a été la plus concluante, en raison de la forte implication de Thabo Mbeki, aussi bien à titre personnel, qu'en tant que Président de l'Union africaine. Certaines conventions établissant des organisations internationales sous-régionales sont invoquées par les États concernés par le conflit en RDC en faveur du règlement pacifique au niveau régional. Il en est ainsi des traités instituant la Communauté économique des Pays des Grands Lacs (CEPGL) de 1976, la Communauté de développement de l'Afrique australe (SADC) de 1992 (article 4) et du Marché commun de l'Afrique orientale et australe (COMESA) en 1994[244]. En l'occurrence, la Communauté de développement d'Afrique australe[245] est la première à s'intéresser au sort de la République démocratique du Congo qui a rejoint l'organisation le 8 septembre 1997. Cette situation manifeste l'engouement soudain des organisations d'intégration et de la SADC en particulier pour les questions de sécurité et de paix. En outre, ces initiatives en faveur de la paix en RDC ont été plus diligentes que celles des Nations Unies. Ainsi, la SADC adopte une résolution à l'issue du sommet de Victoria Falls (Zimbabwe) tenu du 7 au 8 août 1998, en présence des représentants de la RDC, de l'Ouganda, de la Namibie, du Rwanda, de la Tanzanie, de la Zambie et du Zimbabwe. Une seconde résolution est adoptée au terme du sommet de *Victoria Falls* II tenu du 7 au 8 septembre 1998. Celle-ci confie aux ministres de la Défense et à d'autres fonctionnaires de la SADC la charge d'élaborer, en étroite collaboration avec l'OUA et l'ONU, les modalités de mise en œuvre d'un cessez-le-feu immédiat

---

[244] La RDC et le Rwanda sont membres de la CEPGL. Seule la RDC est membre de la SADC. La RDC, le Rwanda et l'Ouganda sont tous parties du COMESA dont le traité constitutif du 8 décembre 1994 pose l'obligation de règlement pacifique des différends entre les États membres à son article 6, litera j.

[245] Cette organisation vise la promotion et le développement économique de l'Afrique australe. La SADC a succédé, le 17 août 1992, à la Conférence de coordination pour le développement de l'Afrique Australe, fondée le 1er avril 1980. Les 9 États fondateurs sont : l'Angola, le Botswana, le Lesotho, le Malawi, le Mozambique, le Swaziland, la Tanzanie, la Zambie et le Zimbabwe. La candidature du Rwanda a été rejetée en 2005 pour des questions de procédure.

et la création d'un mécanisme pour assurer le suivi du respect des dispositions du cessez-le-feu.

Lors du sommet de la SADC tenu à l'Île Maurice le 14 septembre 1998, il échoit à la Zambie de mener les pourparlers de paix dans le conflit en RDC[246]. Cette désignation intervient après l'échec de la médiation sud-africaine. Or, l'Afrique du Sud, pays le plus puissant de cette organisation, s'était positionnée en faveur de l'intégration des rebelles et des partis politiques de l'ancienne opposition dans un gouvernement d'Union Nationale. Réunis à Pretoria à la fin août 1998, les acteurs internes et externes de la crise tels que l'Ouganda, le Kenya, le Rwanda ne parvinrent pas à régler leurs dissensions. Kabila n'y avait d'ailleurs envoyé qu'un seul ministre et le Zimbabwe avait tout bonnement refusé d'y participer. Face à l'échec de cette initiative, le président Mandela entreprit d'autres démarches, qui n'aboutirent pas.

- Accord de Lusaka du 10 juillet 1999

Le processus, initié sous l'égide de la SADC et du médiateur zambien, le président Chiluba, participe le plus efficacement à l'apaisement du conflit congolais. L'accord de cessez-le-feu de Lusaka du 10 juillet 1999, a le mérite majeur d'être reconnu, à la fois par les acteurs étatiques du conflit (RDC, Angola, Namibie, Zimbabwe, Ouganda et Rwanda) et par ceux non étatiques, représentés par les principaux mouvements rebelles (RCD-Goma, RCD-ML et MLC). Cet accord dispose dans son article III principe 15 : « *Rien dans cet accord ne peut porter atteinte à la*

---

246 AMANI BALUME, H., *L'ONU dans le processus de paix en RDC : critiques préliminaires (de 1996 à 2003),* Mémoire de Licence en sciences politiques et administratives, GUEG (RDC), Goma, 2001-2002, p. 23.

souveraineté et l'intégrité de la République démocratique du Congo. »
Ayant pour finalité de mettre un terme à la guerre commencée en 1998 (Deuxième Guerre du Congo), l'accord prévoit diverses mesures : la cessation des hostilités ; l'établissement d'une commission militaire mixte (CMM) chargée de superviser le respect du cessez-le-feu avant l'arrivée de l'ONU ; le désengagement des forces antagonistes dans les régions où elles sont en contact direct ; le désarmement des forces négatives (ex-FAR, Interhamwe) et autres groupes armés qui ne sont pas signataires de l'accord ; l'ouverture du dialogue intercongolais sous 45 jours ; le déploiement d'une force de maintien de la paix par l'ONU ; le retrait final de toutes les forces belligérantes étrangères sous 180 jours, etc. L'accord en question conditionne le retrait des troupes à la tenue d'un dialogue intercongolais, prévu avant le retrait des forces armées. Il restera lettre morte jusqu'en 2001[247]. Malgré cela, le retrait ordonné de toutes les forces étrangères est presque intégral, au printemps 2003, hormis en Ituri, province frontalière avec l'Ouganda. S'y affrontent encore les forces du Mouvement de Libération du Congo (MLC), celles des subdivisions éclatées du RCD (RCD-mouvement national et RCD national). Et cela sous le regard des troupes ougandaises dont le retrait avait été pourtant annoncé début mai 2003. De même, la région d'Uvira voit encore s'affronter les forces du RCD-Goma, soutenues par Kigali et les milices Maï-Maï incarnant l'opposition à une certaine occupation rwandaise soutenue par Kinshasa.

---

[247] Laurent-Désiré Kabila fait en effet tout pour retarder son application car il accepte mal d'être mis au même rang (ou niveau) que les rebelles et les troupes étrangères. Il exige que les troupes étrangères présentes sur son territoire se retirent avant toute négociation avec elles.

- L'accord de Sun city février-avril 2002

Le dialogue intercongolais prend forme à Sun City ou *Sol Kresner*, surnommée par les Sud-Africains durant l'apartheid « Sin City »[248]. Il débute le 25 février 2002. Les débats sont particulièrement houleux en raison de la versatilité des uns et des autres. Chaque pas vers un accord fait par certains belligérants entraîne immédiatement rejet ou regain d'activité militaire par les autres. Le processus connaît un enlisement au bout de seulement trois semaines. Aucun consensus n'a pu être dégagé, que ce soit sur la question de la forme de l'État congolais, les postes à pourvoir, sur le point de la nationalité, ou sur la composition de l'armée congolaise. L'Afrique du Sud entend pourtant faire aboutir ce processus de paix[249]. Une nouvelle rencontre est donc organisée sur instigation du président sud-africain Thabo Mbeki.

Le dialogue intercongolais mené à Sun City (Afrique du Sud) du 25 février au 19 avril 2002 débouche néanmoins sur un accord partiel de partage du pouvoir. Il s'agit d'une formule inédite « 1 + 4 ». L'aréopage est formé d'un président et quatre vice-présidents, et de plusieurs commissions : commission politique, défense et sécurité, commission économique et financière (MLC) ; commission pour la reconstruction et le développement (gouvernement) ; commission sociale et culturelle (opposition politique), etc.

L'accord comporte des clauses tendant à faire penser que la paix sera rétablie en RDC. Un autre accord est signé

[248] La ville du péché, ou Satan City.

[249] Cette médiation découle d'un long processus d'intégration dans la résolution du conflit en RDC qui a débuté avec son adhésion à la SADC en 1994.

entre le MLC (Ouganda) et la RDC : Kampala s'engage à retirer ses troupes du Congo. Un régime de transition est mis en place. Toutefois, Thabo Mbéki (président en exercice de l'UA), frustré par les suites de l'Accord de Sun city, convie Kagamé et Kabila à Pretoria. Le volontarisme sud-africain ne s'épuise donc pas[250]. Ces négociations conduisent à l'accord de paix de Pretoria (Afrique du Sud) du 31 juillet 2002, dit « *Protocole d'accord entre les gouvernements de la République démocratique du Congo et de la République du Rwanda sur le retrait des troupes rwandaises du territoire de la République démocratique du Congo et le démantèlement des forces des ex-FAR et des Interhamwe en République démocratique du Congo (RDC)* ». Signé entre le gouvernement et les principaux mouvements rebelles, l'accord met en place un gouvernement de transition pour deux ans. Il encourage le Rwanda à retirer ses troupes (Interhahamwe) du territoire congolais et exhorte au démantèlement des milices hutues présentes dans l'est de la RDC. Ces opérations se déroulent sous la supervision des militaires sud-africains (et non de l'ONU) dépêchés au Congo.

Quelques jours plus tard (le 6 septembre 2002), sous la houlette du Président de l'Angola, Do Santos, et en collaboration avec l'UA, un accord est conclu à Luanda entre l'Ouganda et la RDC. Museveni s'engage à retirer les troupes ougandaises rapidement. Cet Accord pose les jalons des négociations intercongolaises en plusieurs phases[251] avec l'aide d'un facilitateur neutre, Sir Ketumile

---

[250] Il faut dire que ce pays, depuis sa sortie de l'apartheid, entend s'affirmer sur le continent comme une puissance régionale, et pourrait revendiquer bientôt un siège au Conseil de sécurité.

[251] Ces étapes sont : le pré-dialogue de Gaberone (Botswana) du 20 au 24 août 2000, les travaux d'Addis-Abeba (Éthiopie) ouverts le 15 août 2001, le dialogue intercongolais de Sun City du 25 février au 11 avril

Masire, choisi par les parties congolaises avec l'aide de l'OUA.

- L'accord de Pretoria du 17 décembre 2002

La dernière phase des négociations se déroule à Pretoria en RSA. Elle aboutit à la signature de l'Accord global et inclusif sur la transition en RDC (dit Accord de Pretoria II) en date du 17 décembre 2002 et ce grâce à l'implication de l'UA. Cet accord a pour finalité de mettre fin aux crises chroniques en RDC. Il sert de base à la Constitution de transition en RDC adoptée le 31 mars 2002, par la plénière du dialogue intercongolais à Pretoria. En substance, cet accord opère une « gestion consensuelle de transition ».

En définitive, par son implication dans le processus de paix ayant mené aux accords de Pretoria et Sun city, la SADC et l'UA ont joué un rôle éminent dans le processus de paix en RDC. Le départ des troupes de Kagamé, si difficilement négocié, est enclenché. Du 17 septembre au 5 octobre, 23 400 soldats rwandais quittent ostensiblement le territoire congolais[252]. Joseph Kabila rapatrie également des dizaines de combattants hutus supposés « génocidaires » à Kigali, au mépris des engagements antérieurs qui prévoyaient des retours volontaires. Face à cette situation, la MONUC et le Haut-commissariat aux réfugiés ferment les yeux ! Les Sud-Africains mettent de force les Rwandais dans l'avion vers Kigali. En octobre 2002, le mouvement de retrait semble presque général. Les Ougandais quittent le pays à leur tour, de même que les Angolais, les Zimbabwéens.

2002 et les négociations politiques intercongolaises de Pretoria en décembre 2002.

[252] De manière tellement ostentatoire qu'elle en est devenue suspecte. Surtout lorsqu'on sait que leur présence sur le terrain a juste emprunté des formes différenciées.

Réunis à Kinshasa, le 24 octobre 2002, les chefs d'État de l'Angola, de la Namibie, du Zimbabwe, annoncent solennellement la fin de leur mission militaire, au titre de la SADC en RDC. Ils demandent aux Nations Unies de veiller désormais à la souveraineté et à l'intégrité du pays.

Et cela, de manière presque fortuite, sans qu'aucune des conditions prévues à Lusaka n'ait été réalisée, c'est-à-dire sans que la MONUC n'ait réellement terminé ses opérations de « *désarmement, démobilisation, réinstallation, réinsertion* ». La guerre semble achevée (du moins de manière officielle) uniquement parce que les deux protagonistes les plus irascibles ont signé une « paix des braves » ! Elle précède la fin du retrait des troupes ougandaises ayant lieu à partir du 7 mai 2003. Le 16 mai 2003, à Dar es-Salaam (Tanzanie), le gouvernement central de RDC conclut un accord de cessez-le-feu avec les chefs des cinq milices de l'Ituri.

La Déclaration sur la paix, la sécurité, la démocratie, le développement dans la région des Grands Lacs et, en particulier, son Protocole sur la Lutte contre l'Exploitation Illégale des Ressources Naturelles, est signée le 20 novembre 2004 à Dar Es-Salaam, sous les auspices de l'UA et de l'ONU[253]. Au terme de cette déclaration, les chefs d'État de la région s'engagent à respecter les principes de la Charte de l'ONU et l'acte constitutif de l'UA, ainsi que tous les autres instruments juridiques internationaux et régionaux pertinents.

Le 10 janvier 2005, le Conseil de Paix et de Sécurité de l'UA convoque une réunion à Libreville (Gabon). Des

[253] Voir le Rapport du Secrétaire général sur la préparation d'une conférence internationale sur la région des Grands Lacs (S/2003/1099), version abrégée contenue dans le communiqué de presse CS/2588, Conseil de sécurité, 4865e séance - matin, 20 novembre 2003, P. 1.

recommandations relatives aux conflits en RDC sont formulées.

Le Conseil réitère ses inquiétudes face à la situation sécuritaire qui prévaut à l'est de la RDC et à la présence continue, dans le Kivu, des ex-FAR et des Interhamwe, portant atteinte à la paix et la sécurité de la RDC et du Rwanda. Le Conseil réaffirme son soutien à l'engagement des chefs d'État et de Gouvernement signataires de la Déclaration de Dar Es-Salaam du 20 novembre 2004 sur la paix, la sécurité, la démocratie et le développement dans la région des Grands Lacs, à lutter contre le génocide dans la région, à neutraliser, à désarmer et à déférer devant les tribunaux internationaux les auteurs du génocide, y compris les forces qui ont commis le génocide au Rwanda en 1994. Le Conseil confirme son engagement à empêcher toute assistance directe et indirecte, toute livraison d'armes ou toute autre forme d'appui aux groupes armés opérant dans la région et à interdire aux groupes armés de mener, à partir de tout territoire, des actes d'agression ou de subversion contre d'autres États membres. La Haute Autorité avalise l'obligation de tous les États membres de se conformer aux principes énoncés dans l'Acte constitutif de l'Union Africaine, notamment le respect de la souveraineté et de l'intégrité territoriale des États membres, le règlement pacifique des différends, l'interdiction de recourir ou de menacer de recourir à l'emploi de la force entre les États membres, et le rejet des politiques d'exclusion. Pour finir, le Conseil considère que le problème posé par la présence continue des ex-FAR et Interhamwe et d'autres groupes armés à l'est de la RDC requiert une action décisive de la part de la communauté internationale en général et de l'Afrique en particulier, pour désarmer et neutraliser effectivement ces groupes armés. Une requête est ensuite faite au Conseil de sécurité des Nations Unies en vue d'accroître substantiellement les effectifs de la MONUC et de renforcer son mandat lui permettant de contribuer, de façon plus effective, à la stabilisation de l'est de la RDC, y compris dans le désarmement et la neutralisation des ex-FAR et Interhamwe, ainsi que dans le renforcement de la sécurité le long de la frontière entre la RDC et le Rwanda. D'autres initiatives, quoique modestes, sont esquissées au niveau régional par la Communauté économique de l'Afrique centrale.

C. Communauté économique de l'Afrique centrale (CEEAC)

L'apport discret de la CEEAC est également à relever[254]. Le 16 juillet 2005 a lieu le sommet CEEAC[255] à Kinshasa, en présence des présidents El Hadj Bongo du Gabon, Eduardo Do Santos de l'Angola et Denis Sassou Nguesso du Congo-Brazzaville. Ce sommet a lieu suite à l'invitation de leur homologue Joseph Kabila. Les dirigeants africains se penchent sur la situation politique et militaire en RDC. Ils concluent à l'urgence d'un désarmement forcé des milices armées. Ils décident en outre d'entreprendre des démarches politiques et diplomatiques nécessaires à la création des conditions indispensables à la poursuite et à la réalisation des objectifs de la transition. Par la suite, le président Thabo Mbéki, en sa qualité de médiateur dans le conflit en RDC,

---

[254] Lire à ce sujet J. KENFACK, A. KOAGNE ZOUPET, « La CEEAC et les opérations de paix. Évolution et bilan une décennie après la création du COPAX », *Guide du maintien de la paix 2011*, Athena Editions, Montréal, 2011, pp. 105-124.

[255] La Communauté économique des États de l'Afrique centrale (CEEAC) est une organisation internationale créée pour le développement économique, social et culturel de l'Afrique en vue de la création des structures régionales pouvant progressivement aboutir à un Marché commun. La CEEAC découle du Plan d'Action de Lagos d'avril 1980.

est reçu le 2 août 2005, par son homologue gabonais Omar Bongo pour traiter du sujet de la paix en Afrique.

En définitive, les diverses initiatives opérées tant au niveau international que régional mettent un terme à une dangereuse dégradation de la situation menaçant le processus de paix (toujours en cours) en RDC. Elles permettent d'améliorer la situation humanitaire et favorisent le déploiement d'une présence renforcée de la MONUC dans la région. La relance et l'organisation de la transition démocratique en RDC sont amorcées. Elle sera consacrée par les élections de 2005 et 2011. De surcroît, la justice pénale (CPI) est devenue une composante du rétablissement de la paix en RDC.

Toutefois, alors qu'il était clairement apparu que l'exploitation des ressources naturelles était un enjeu majeur de sécurité et résolution du conflit, celles-ci n'ont pas été spécifiquement prises en considération par les initiatives internationales et régionales. La préconisation de sanctions à l'échelon international et régional à l'endroit de personnes (physiques et morales) impliquées dans l'exploitation illégale des richesses du Congo, n'a pas été suivie de mesures effectives. L'impunité et la poursuite des activités de prédation économique des richesses de RDC demeurent des obstacles majeurs à la paix définitive en RDC. Il convient de rechercher si les initiatives nationales, notamment la Constitution[256] corrigent cette défaillance.

---

[256] La Constitution de transition promulguée le 4 avril 2003 était encore en vigueur jusqu'à ce que le projet de Constitution soit adopté les 18 et 19 décembre 2005 et promulgué le 18 février 2006. Certaines de ses dispositions restent cependant en vigueur jusqu'à l'application complète des dispositions de la Constitution promulguée le 18 février 2006.

Chapitre II :

Initiatives nationales

Les rapports entre violence et exploitation illégale des ressources naturelles par les entreprises multinationales et l'élite congolaise, l'insécurité ainsi que le trafic d'armes en RDC, et leurs répercussions sur la prolongation des conflits dans le pays ont été démontrés par l'ONU et différents observateurs. De manière unanime, il a été reconnu que le chaos congolais est entretenu dans le but de contrôler les richesses naturelles de la RDC.

D'ailleurs, aucune des tentatives de régulation/remise en ordre découlant de constatations effectuées au niveau international n'a immédiatement porté ses fruits dans l'ordre juridique interne. La raison est que le pillage des ressources et leur exploitation, particulièrement dans la partie orientale du territoire à des fins de financement du conflit n'auraient pas été possibles sans le caractère déliquescent de l'État congolais. Les structures politiques et économiques étatiques ont en effet permis à cette guerre de se dérouler et de se perpétuer.

Néanmoins différentes initiatives ont été ébauchées au niveau national par le gouvernement congolais. Certes, ces actions sont induites par la pression des institutions et des organisations internationales. Toutefois, elles traduisent une certaine volonté de mettre fin à l'emprise de la mafia internationale liée à l'exploitation illégale des richesses ; de rétablir l'autorité de l'État congolais sur tout le territoire et son contrôle effectif sur ses ressources naturelles.

Ces objectifs transparaissent au travers de la prise en compte résiduelle des ressources naturelles dans la Constitution congolaise (I) et au travers de mesures plus spécifiques (II).

I. Les ressources naturelles dans la Constitution

À l'instar de toutes les autres constitutions du monde, la « *loi fondamentale* » de la République démocratique du Congo est la norme juridique suprême. Elle renferme :
- les principes directeurs de l'ordre juridique étatique. La Constitution définit ainsi quels sont les buts, finalités qui doivent guider les opérateurs du droit.
- les règles de base concernant l'aménagement et la transmission du pouvoir d'État. La Constitution institue des organes d'État qu'on appelle « pouvoirs constitués » et organise les mécanismes pacifiques visant à assurer leur renouvellement.
- L'énoncé des libertés fondamentales protégées par l'État. Ces droits sont généralement formulés dans le Préambule de la Constitution, contenant lui-même une Déclaration de droits ou s'y référant[257].

Depuis son indépendance, le 30 juin 1960, la République démocratique du Congo a adopté plusieurs Constitutions. Elle a surtout fait face à des crises politiques répétitives, facilitées par la faiblesse de l'appareil étatique. Cette déliquescence a pris un relief particulier avec les affrontements ayant déchiré le pays de 1996 à 2003. En vue de mettre fin à ces conflits chroniques, les acteurs impliqués dans le processus de paix ont initié le Dialogue intercongolais. Ils sont convenus, dans l'Accord Global et Inclusif signé de Pretoria en Afrique du Sud le 17

[257] Cours de droit constitutionnel général en ligne.

décembre 2002, d'instaurer un nouvel ordre politique, fondé sur une nouvelle Constitution démocratique.
L'Acte constitutionnel de la transition d'avril 1994 (ou Constitution de la transition) rédigé par la Conférence nationale souveraine d'avril 1992, en vue de permettre une transition démocratique, avait été abrogé par Laurent-Désiré Kabila, lors de la prise de pouvoir de ses forces rebelles (l'AFDL), le 17 mai 1997.
Depuis 1997, et jusqu'à la fin officielle de la 2e guerre du Congo en 2003, la RDC a connu plusieurs textes constitutionnels : Décret-loi de mai 1997, par Laurent-Désiré Kabila, Acte constitutionnel de la transition de novembre 1998, Constitution de transition d'avril 2003, etc.
Cette dernière assure la mise en œuvre du processus de paix ouvert à Lusaka (Zambie). Or, seul l'article III de l'accord de Lusaka signé le 10 juillet 1999 énonce : *« Rien dans cet accord ne peut porter atteinte à la souveraineté et à l'intégrité de la République démocratique du Congo ».* Il convient de noter que cette stipulation ne vise pas la libre disposition des ressources naturelles comme attribut de la souveraineté.
La Constitution de transition qui en est issue est restée en vigueur jusqu'à ce que le projet de Constitution soit adopté les 18 et 19 décembre 2005[258] et promulgué le 18 février 2006. Certaines de ses dispositions sont maintenues jusqu'à l'application complète des dispositions de la Constitution promulguée le 18 février 2006. La Constitution s'articule pour l'essentiel autour de plusieurs

[258] Le projet de Constitution de mai 2005 de la République doit être accepté par le peuple congolais par référendum le 18 décembre 2005 avant que les institutions qui y sont définies soient installées. Des dispositions transitoires y sont définies. Il a été adopté par le référendum des 18 et 19 décembre 2005 puis promulgué le 18 février 2006 par le Président Joseph Kabila. La nouvelle Constitution doit entrer en vigueur dès l'installation des nouvelles institutions.

idées. L'objet de cette section est de savoir si cette Constitution tient compte de la problématique des ressources naturelles, pourtant déterminante dans la perpétuation de la conflictualité en RDC[259].

Tout d'abord, il importe de noter que la Constitution en question renferme des dispositions très générales, ne pouvant qu'indirectement être reliées à la problématique des ressources naturelles en RDC.

À titre d'illustration, le principe unitaire, proclamé dans l'article 1er « La République démocratique du Congo est, dans ses frontières du 30 juin 1960, un État de droit, indépendant, souverain, uni et indivisible, social, démocratique et laïc »figurait au même endroit dans la version de 2003. « Nul n'a droit de porter atteinte à l'intégrité du territoire, à l'unité nationale et à la souveraineté de l'état congolais. ».

Ensuite, le seul article pouvant être explicitement rattaché à la problématique de la souveraineté sur les ressources naturelles, est l'article 9 de la Constitution de la RDC du 18 février 2006. Inclus dans la Section 2 : intitulé « *De l'État de souveraineté*[260]», il formule le principe de la souveraineté permanente de l'État tel qu'énoncé par la résolution 1803 du Conseil de sécurité des Nations Unies précédemment évoquée : « *L'État exerce une souveraineté permanente notamment sur le sol, le sous-sol, les eaux et les forêts, sur les espaces aérien, fluvial, lacustre et maritime congolais ainsi que sur la mer territoriale congolaise et sur le plateau continental. Les modalités de*

[259] Texte intégral sur le site de la Présidence de la République : http://www.presidentrdc.cd/constitution.html.

[260] TITRE 1er : Des Dispositions Générales, Chapitre 1er : De l'État et de la Souveraineté, Section 1re : De l'État.

gestion et de concession du domaine de l'État visé à l'alinéa précédent sont déterminées par la loi ».

Il faut rappeler le contexte dans lequel cette disposition avait été incorporée dans la Constitution de 2003. Le Conseil de sécurité de l'ONU avait en effet estimé que certaines transactions commerciales et accords économiques comportaient des clauses léonines, c'est-à-dire attentatoires à la souveraineté nationale. La responsabilité principale en incombait au gouvernement de Laurent-Désiré Kabila. Celui-ci récompensait systématiquement ceux qui lui avaient apporté un secours militaire et financier, par la création de sociétés *joint-venture*, pour parer à l'embargo financier le frappant naguère.

Tout en soulignant le fait que ces accords commerciaux et ceux relatifs aux concessions minières et forestières avaient été conclus entre la RDC et ses alliés, le Chef de l'État, Joseph Kabila, préconise au gouvernement de procéder à la révision des clauses controversées. Cette pratique a inspiré l'article 9 de la Constitution, même si rien n'est dit de manière explicite sur le problème des ressources naturelles.

L'Article 56, du Chapitre 3 « Des droits collectifs », traduit de manière implicite la primauté du droit national sur des conventions contraires qui réduirait l'état de souveraineté sur les ressources naturelles. Il considère que :

« Tout acte, tout accord, toute convention, tout arrangement ou tout autre fait, qui a pour conséquence de priver la nation, les personnes physiques ou morales de tout ou partie de leurs propres moyens d'existence tirés de leurs ressources ou de leurs richesses naturelles, sans préjudice des dispositions internationales sur les crimes

économiques, est érigé en infraction de pillage punie par la loi. »
Tout au plus, la question des richesses nationales est abordée dans l'article 58 de la Constitution[261] qui stipule : *« Tous les Congolais ont le droit de jouir des richesses nationales, l'État a le devoir de les redistribuer équitablement et de garantir le droit au développement. »*

L'obligation de protection des ressources naturelles doit être collectivement assumée comme l'atteste l'article 59 de la Constitution de la RDC qui stipule :

« Tous les Congolais ont le droit de jouir du patrimoine commun de l'humanité. L'État a le devoir d'en faciliter la jouissance. »[262]

Cette disposition rappelle les bouleversements environnementaux causés par la surexploitation des ressources en RDC, de même que les effets pervers de l'économie de prédation. Par exemple, les parcs naturels, dont les sols contenaient d'importantes ressources minières comme celui de Virunga avaient été saccagés.

Ce droit constitutionnel fondamental de jouir des revenus de l'exploitation des ressources naturelles dont bénéficie la population congolaise devrait constituer la priorité des constitutionnalistes. Toutefois, les richesses en question ne sont ni évoquées, ni délimitées par la Constitution congolaise comme l'a fait la Convention Africaine pour la conservation de la nature et des ressources naturelles du 15 septembre 1968, dont l'alinéa 1 de l'article 5 énumère les ressources[263].

---

[261] Il correspond à l'article 52 de la Constitution précédente.

[262] La référence au patrimoine commun de l'humanité subsiste dans la Constitution de 2003.

[263] Article V. relatif à l'emploi des termes, énonce : « Aux fins de la présente Convention on entend par 1. "ressources naturelles" : les ressources naturelles renouvelables, tangibles et non tangibles,

Et la rédaction absconse de cette disposition peut conduire à certaines méprises. Un lecteur néophyte (et mal intentionné) pourrait en faire une interprétation opportuniste. La communautarisation des ressources faisant partie du « *patrimoine commun de l'humanité* » pourrait être synonyme de l'appropriation de ces richesses par tous.

D'autres dispositions peuvent être considérées comme œuvrant directement ou indirectement à une amélioration du système d'exploitation des ressources naturelles en RDC :

Article 67

Tout Congolais a le devoir de protéger la propriété, les biens et intérêts publics et de respecter la propriété d'autrui.

Article 217

La République démocratique du Congo peut conclure des traités ou des accords d'association et de communauté comportant un abandon partiel de souveraineté en vue de promouvoir l'unité africaine, etc.

La constitution apparaît comme le cadre normatif dans lequel s'ébauchent les initiatives nationales en vue de la recherche d'une paix durable, en luttant contre les pratiques illégales et criminelles en matière d'exploitation des ressources naturelles de RDC. Se référant au droit congolais, les lois et dispositions constitutionnelles sur la souveraineté de l'État et les droits individuels collectifs prohibent les atteintes à la souveraineté de l'État congolais sur ses ressources naturelles, notamment minières.

---

notamment les sols, les eaux, la flore et la faune, ainsi que les ressources non renouvelables. Chaque fois que le texte de la Convention se réfère aux ressources non renouvelables, etc. ».

Cependant, la discordance entre le droit énoncé dans la Charte suprême et la réalité est prononcée. Dans les faits, l'assainissement du secteur minier mal incorporé au droit positif en vigueur n'a été que modéré. Réclamée par de nombreux rapports parlementaires qui dénonçaient la modestie des recettes financières en provenance du secteur des ressources minières, la revisitation des contrats miniers qui devait mettre un terme aux accords signés par Laurent-Désiré Kabila avec des compagnies privées et qui a duré de 2007 à 2009 s'est transformée en son contraire : les négociations entre l'État congolais et les sociétés demeurent entourées d'opacité. La production de la GECAMINES (l'entreprise publique qui demeure au centre de l'empire minier du Katanga) stagne toujours, la MIBA est une société étatique fantôme de production de diamants et les pratiques mafieuses du secteur minier ont commencé à s'étendre à celui des hydrocarbures en pleine relance. De plus aucune révision constitutionnelle n'est envisagée afin de mieux intégrer la problématique des ressources naturelles dans le *corpus* de la constitution congolaise. Pour que soit complète la « constitutionnalisation » de l'exploitation des ressources naturelles en RDC, il faudrait peut-être envisager les effets de cette inscription dans la constitution en termes de protection judiciaire des droits des populations, de contrôle de la constitutionnalité des contrats d'exploitation, de pratique constitutionnelle.
Certes, d'autres initiatives plus spécifiques ont été amorcées.

II. LES AUTRES INITIATIVES NATIONALES

Les propositions ont emprunté au niveau national la forme législative. La RDC appartenant à un régime dualiste, l'inflation législative nationale repose sur des textes de droit international général. Il s'agit entre autres de :

- La Résolution 1803 du Conseil de sécurité de l'ONU, formulant le principe de la souveraineté permanente des peuples sur leurs ressources. Ce principe figure également dans la Charte économique des droits et des responsabilités des États de 1974.

- La Résolution 1756 du Conseil de sécurité de l'ONU renouvelant le mandat de la MONUC, qui établit un rapport direct entre l'exploitation illégale des ressources naturelles par les entreprises multinationales, l'élite congolaise, l'insécurité ainsi que le trafic d'armes et la poursuite des conflits en RDC. Ces conclusions résultent d'enquêtes menées depuis 2002 par le panel d'experts de l'ONU qui relie les intérêts des entreprises privées à la guerre déclenchée en RDC depuis 1996[264].

- Le 15 mai 2007, la proposition du Conseil de sécurité des Nations Unies au gouvernement de la RDC, en vue de la consolidation de la paix dans le pays, de l'extension de l'autorité de l'État sur tout le territoire ; l'établissement du contrôle effectif sur les ressources naturelles et l'amélioration de la gestion des ressources de la RDC.

C'est ainsi en conformité avec le droit en vigueur, que le gouvernement de la RDC, a initié de nombreuses réformes, réputées à terme, concernant le système de gestion, d'exploitation et de commercialisation des ressources minières, pétrolières et forestières du pays.

---

[264] Lire les rapports du Panel des experts de l'ONU sur l'exploitation illégale des ressources naturelles de la RDC (www.grip.org/bdg/g2044.html)

Un document intitulé *Programme de réformes 2012*[265] a été rendu public le 19 mars 2012. Le parlement de RDC y récapitule la gestion de la filière des mines, hydrocarbures et de l'exploitation forestière. Il y formule également des recommandations afin de garantir que les ressources naturelles seront désormais utilisées à l'aune des intérêts de la population. Le document « Programme de réformes 2012 » met en avant trois grands domaines de réformes auxquels les législateurs congolais devraient s'atteler dès 2012 :

•Transparence dans le secteur minier et des hydrocarbures
Le document « Programme de réformes » fait le constat suivant « *Au cours du dernier mandat présidentiel, les pouvoirs publics congolais ont cédé des actifs miniers à des entreprises opaques immatriculées dans les paradis fiscaux. En particulier, les compagnies minières d'État que sont la Gécamines et la Sodimico ont vendu des participations dans quatre sites miniers majeurs sans publier d'informations sur ces transactions* »[266]. Il exhorte ensuite les pouvoirs publics congolais à des pourparlers secrets avec les entreprises dites « opaques ».
Cette mesure se situe dans le prolongement du lancement officiel des travaux effectués le 11 juin 2007 par le Ministre des mines, conformément à son arrêté n° 2745/cab.min/mines/01/ du 20 avril 2007. Une commission ministérielle chargée de la « relecture » des contrats miniers passés en grande partie en période de guerre, a été mise sur pied. L'esprit et la lettre de cette

[265] Le document d'information Programme de réformes proposé dans le secteur des ressources naturelles de la République démocratique du Congo peut être consulté sur :
www.globalwitness.org/sites/default/files/library/Agenda%20for%20Reform%202012%20FR_0.pdf
[266] Ibid.

décision rejoignent la recommandation du Secrétaire général des Nations Unies qui, au mois de février 2007, préconisait la synergie des efforts des secteurs public et privé pour promouvoir la sécurité, la bonne gouvernance, assurer la transparence dans les affaires et dresser un code de bonne conduite du secteur privé en RDC.

o Par ailleurs, il faut signaler que conformément à ce qu'avait annoncé Joseph Kabila le 17 janvier 2001, dès son accession au pouvoir, un Code minier avait été promulgué en juillet 2002[267] suivi d'un Règlement minier en 2003[268] explicitant les modalités de mise en œuvre du Code. Rédigé avec l'appui de la Banque Mondiale, le Code minier fournit le cadre légal pour le secteur minier. Concernant aussi bien la filière industrielle qu'artisanale, le règlement minier a été vulgarisé. Désormais toutes les concessions doivent être inscrites dans le cadastre minier (CAMI). Placé sous la tutelle des ministères des Mines et des Finances, le CAMI traite les demandes et délivre des permis de recherche et d'exploitation. Il régule le système de gestion des droits et titres miniers, réduisant en principe les possibilités de fraude. En outre, le Code minier désigne les entités habilitées à réguler le secteur minier, c'est-à-dire le ministre des Mines, le CAMI, la Direction des mines et la Direction chargée de la protection de l'environnement minier. À titre d'illustration, l'article 3 du Code minier dispose que « *les sites et concessions minières sont la propriété exclusive et inaliénable de l'État congolais* ». Sur le plan technique, le Code établit également une base de calcul des taxes, droits de douane et redevances associés au commerce des minerais.

---

[267] Loi N° 007/2002 du 11 juillet 2002 et mesures additionnelles impliquées dans le Décret n° 038/2003, également établi avec l'assistance de la Banque Mondiale.

[268] Décret N° 038/2003 du 26 mars 2003.

Quant aux contrats miniers, par souci de transparence et publicité, ils doivent désormais être publiés sur le site web du ministère des Mines. Malheureusement, ce Cadastre n'a pas toujours été géré de la façon la plus transparente. Quatre directeurs se sont succédé à sa tête en moins de trois ans et à un certain moment, il a dû cesser ses activités pour cause de mauvaise gestion[269].

En principe le Code minier a mis en place un cadre mieux structuré. Le gouvernement peut accorder des permis de recherche et d'exploration aux sociétés privées. Cependant, depuis 2012, les autorités congolaises, par la voix du Ministre des Mines, annoncent la révision prochaine du Code minier. Une grande réforme sera initiée à partir de la révision dudit Code minier. De même, une loi sur les hydrocarbures devrait, quant à elle, être adoptée par le Parlement la même année. Ces deux lois ont pour objet d'assainir le secteur, afin que la population congolaise et l'État puissent profiter des ressources naturelles regorgeant à travers le pays. Cela, tout en empêchant d'exposer la population aux risques potentiels associés au commerce et à l'exploitation frauduleuse de ces ressources. Ayant adhéré depuis 2005 à l'ITIE afin d'assurer la transparence dans le secteur minier, les opérateurs miniers sont de plus soumis à l'obligation (depuis 2008) de publier leurs états financiers. La Commission instituée en avril 2007 pour la révision des contrats miniers est toujours à pied d'œuvre.

L'ONG internationale *Global Witness* dénonce toujours le manque de transparence dans la distribution des carrés miniers. D'autres institutions étatiques ont été chargées des aspects du suivi et de la réglementation du secteur

---

[269] K. HUND, D. VERBRUGGEN, *The State versus the people? Governance, Mining and the Transitional Regime in the Democratic Republic of Congo: the Case of Katanga,* Fatal Transactions, 2006, pp. 59-60.

minier. Le Centre d'Évaluation et de Certification a été créé en mars 2004 par Décret présidentiel n° 036/2003. Également placé sous la supervision du ministère de Portefeuille et des Mines, il a pour mission première l'évaluation et l'expertise du diamant, de l'or, du coltan et de toutes autres substances minérales précieuses et semi-précieuses en RDC. La mise en application et le suivi du programme international du Processus de Kimberley lui incombent également.

Le Service d'assistance et d'encadrement de l'artisanat minier (SAESSCAM) est une agence étatique créée pour apporter un soutien technique et des conseils aux mineurs artisanaux en matière de sensibilisation au droit, de formation aux techniques d'extraction, d'organisation de coopératives, de santé et sécurité, etc.[270] D'autres d'initiatives montrent la volonté du gouvernement de réduire les aspects frauduleux ou abusifs des contrats miniers[271].

Certaines actions gouvernementales sont menées avec pour objectif d'obtenir plus de revenus de la commercialisation des ressources naturelles. Cela demeure

---

[270] N. GARRET, communiqué de presse du 22 octobre 2007. "Preliminary Observations from the Democratic Republic of the Congo (DRC)". Extractive Global Witness (12 février 2006). « R.D. Congo : mettre fin à l'exploitation illégale des ressources naturelles ».Voir : www.globalwitness.org/media_library_detail.php/422/fr/r.d._congo_ mettre_fin_a_lexploitation_illegale_des. IndustriesTransparency Initiative (EITI) et Artisanal & Small-scale Mining (ASM), avant-projet.

[271] En 2007, le gouvernement congolais a commencé l'examen de 61 contrats miniers, afin d'émettre des recommandations quant à la révision ou la résiliation des contrats. Le but était de corriger les « déséquilibres » en faveur des entreprises privées et au détriment de l'État. Le rapport final de la commission d'enquête, publié en mars 2008, recommandait que 39 contrats soient renégociés et que 22 soient résiliés.

difficile à démontrer. L'accord de paix signé en 2003 appelle par exemple à la création d'une commission parlementaire multipartite pour enquêter sur l'exploitation des ressources naturelles pendant la guerre, de 1996 à 2003. La « Commission Lutundula » publie son rapport en 2005, exposant les contrats miniers qui devaient être résiliés ou renégociés. La Commission recommande entre autres des poursuites judiciaires à l'encontre de certains hommes politiques et hommes d'affaires.

Le rapport parlementaire prône notamment l'Instauration d'une zone de commerce, libre des minerais de conflit dans les Kivu.

Dans certaines zones de l'est de la RDC, les parlementaires congolais constatent en effet, que : « *des groupes armés et des membres de l'armée congolaise continuent de profiter de la vaste richesse naturelle de la région en s'impliquant de manière illicite dans l'exploitation et le commerce des minerais. Le précédent gouvernement congolais a pris plusieurs mesures significatives pour venir à bout du commerce des minerais du conflit, notamment en adoptant une directive au titre de laquelle les compagnies minières et les entreprises de négoce de minerais opérant en RDC sont tenues de soumettre leurs chaînes d'approvisionnement à certains contrôles, conformément aux normes internationales. Par ailleurs, la restructuration de l'armée congolaise dans les provinces du Nord et du Sud-Kivu entreprise parallèlement à l'interdiction minière décrétée par le Président a permis d'instaurer un commerce libre de conflit dans certaines parties des Kivus.* » À titre de recommandation, les autorités congolaises devraient s'assurer que la législation nationale récemment adoptée, et au titre de laquelle il est désormais obligatoire de soumettre les chaînes d'approvisionnement à un exercice de diligence raisonnable, est pleinement mise en œuvre par toutes les parties impliquées dans le commerce de minerais. En outre, le gouvernement devrait tenir l'engagement qu'il a pris de retirer l'armée des sites miniers et de poursuivre en justice les individus impliqués dans le commerce illégal de minerais.

- Le maintien du moratoire sur l'attribution de nouveaux droits d'exploitation forestière à grande échelle.

Le moratoire dont fait l'objet le processus d'attribution de nouveaux droits d'exploitation forestière à grande échelle devrait rester en vigueur tant que les autorités congolaises n'auront pas pris des mesures pour identifier la manière dont les terres sont utilisées par les communautés locales qui dépendent des forêts pour leur subsistance.

En définitive, le gouvernement congolais et les autres acteurs doivent redoubler d'efforts pour mettre en œuvre les normes de contrôle de la filière des ressources naturelles en RDC. La Constitution de 2006 est une illustration du caractère conjoncturel des résolutions pacificatrices. Parmi les nombreux accords de paix signés entre belligérants, aucun n'a été respecté. Peut-être parce que, justement, les résolutions traitaient de manière résiduelle la question épineuse des ressources conflictuelles, dont le rapport avec les conflits armés a été démontré.

Malgré les nombreux rapports et les sommes considérables investies dans le maintien de la paix sous toutes ses formes, il semble difficile d'ériger un régime juridique viable d'exploitation des richesses naturelles et de rétablir la paix dans cette région où l'État est défaillant.

L'ineptie étatique résulte de l'absence de réforme de l'État et des services de sécurité. Depuis 2003, l'administration n'a pas été réorganisée et les fonctionnaires n'ont eu droit qu'à des effets d'annonce sur l'augmentation de leur salaire. En dépit de la présence depuis 2006 d'une mission de police et d'une mission militaire de l'Union européenne, le principal changement dans ce secteur consiste à compter les soldats et à élaborer (en 2011) le début du cadre légal prévu par la Constitution pour l'armée et la police. Il y a eu d'autres mesures à défaut de réforme structurelle, mais ces mutations mineures de gouvernance administrative n'ont eu aucun impact sur la sécurité du citoyen congolais. Politiquement, la situation n'est guère différente. Le système institutionnel qui découle de la Constitution de 2006 n'a que peu de rapport avec le système politique réel. La Constitution définit un régime semi-présidentiel et un État régional, or la RDC est un régime outrancièrement présidentiel et un État ni centralisé, ni décentralisé. De 2006 à 2011, le Parlement a été réduit par la présidence à l'état de chambre d'enregistrement, et n'enregistre pas beaucoup de lois tant l'activité législative est réduite à une peau de chagrin. Le Sénat ressemble à une maison de retraite pour anciens Mobutistes, tandis que l'Assemblée Nationale ne semble pas survivre au départ de son plus brillant élément (Vital Kamerhe) à l'activisme inquiétant.

Le modèle mobutiste prévaut mais sans provoquer de contre-réaction car ce n'est qu'un pâle ersatz de la férule du passé. Le Géant congolais est presque à l'arrêt !

Néanmoins, quelques recommandations peuvent être formulées à l'égard du Gouvernement de la RDC et de la communauté internationale (Belgique, France, Grande-Bretagne, Allemagne, Suède, Afrique du Sud, Union européenne, SADC, Nations Unies, l'Union africaine, etc.)[272].

Au gouvernement de la RDC

1. Une conceptualisation, théorisation et domestication du concept de souveraineté sur les ressources naturelles, façonné à l'image des textes antérieurs (notamment les premières résolutions de l'ONU sur la question) est la condition *sine qua non* de la réglementation juridique des activités en relation avec le pillage des ressources naturelles du pays. Et *in fine* de la résolution définitive de ce conflit. Pour cela, il faut encourager la recherche et les publications dans des domaines spécifiques en associant des chercheurs et des spécialistes. Ce travail peut également prendre la forme d'une innovation législative. Le Parlement pourrait proposer des lois de gestion des revenus de chaque ressource naturelle, à l'instar de la loi tchadienne de gestion des revenus pétroliers n°001/PR/99 du 11 janvier 1999. Toutefois admettre qu'une loi peut être un rempart contre la « malédiction des ressources », c'est déjà reconnaître le poids de l'action des hommes et non des ressources elles-mêmes dans la genèse des problèmes socioéconomiques en RDC. Il faudrait, entre autres :
2. Assurer le suivi du travail accompli par le Groupe national d'experts sur le pillage des ressources naturelles (minéraux, bois, animaux, produits agricoles, etc.).
3. Promouvoir le soutien financier à des entreprises locales et nationales afin de les encourager à s'impliquer

---

[272] La liste n'est pas exhaustive. Certaines propositions ayant été formulées par le biais d'un Mémorandum des ONG de la RDC à l'attention du Ministre des Mines en rapport avec le processus de révision des contrats miniers.

dans l'exploitation minière des zones attirant les pillards et qui font perdre d'énormes ressources au Congo.

4. Institutionnaliser le débat sur le pillage des ressources de la RDC par le lancement d'un forum national et en mettant en place des rencontres provinciales pour discuter de la question.

5. Mettre en place un fonds de soutien pour le développement communautaire dans les zones d'exploitation minière et forestière.

6. Vulgariser le code minier et veiller à son application stricte.

À la communauté internationale, il conviendrait de :

1. Exercer une pression sur les pays de transit et de commerce concernés par les ressources de la RDC.

2. Imposer un embargo sur les ressources naturelles congolaises pillées par le Rwanda et l'Ouganda, y compris les entreprises opérant illégalement dans la partie orientale de la RDC, ainsi que les multinationales qui sont connectées à ces entreprises.

3. Envisager la compétence de la CPI relativement aux exactions liées aux ressources naturelles ou préconiser une extension projetée de la Cour africaine des droits de l'homme et des peuples.

4. Veiller à ce que les conventions et les mécanismes de contrôle sur les ressources naturelles soient respectés.

Bibliographie

OUVRAGES

C. BRAECKMAN, -*Les nouveaux prédateurs. Politiques des puissances en Afrique centrale,* Fayard, Paris, Nouvelle édition actualisée en 2009, 400 p.

-*L'enjeu congolais : l'Afrique centrale après Mobutu,* Fayard Paris, 1999, 428 p.

I. BANNON, P. COLLIER, (eds.), *Natural Resources and Violent Conflict: Options and Actions*, Washington D.C., World Bank, August 2003, 459 p.

ABIODUN ALAO, *Natural resources and Conflict in Africa: The Tragedy of Endowment*, University of Rochester Studies in African History and the Diaspora Press, 2007, 353 p.

F. LEKIME, *La mangeuse de cuivre : la saga de l'Union minière du Haut-Katanga*, 1906-1966 Didier Hatier, 1992, 310 p.

D. ROSENBERG, *Le principe de souveraineté des États sur leurs ressources naturelles*, Librairie générale de droit et de jurisprudence, Paris, 1983, 400 p.

B. VANDERMOTTEN, et J. VANDEBURIE, *Territorialités et Politique. Bruxelles*, Éditions de l'Université de Bruxelles, 2005, 395 p.

ARTICLES

P. COLLIER, A. HOEFFLER, « On Economic Causes of Civil Wars », *Oxford Economic Papers*, vol. 50, London, 2000, pp. 563-573.

M. DOYLE, N. SAMBANI, « International Peace Building: a Theoretical and Quantitative Analysis », *American Political Science Review*, vol. 94 (4), 2000, pp. 779-802.

D. FEARONJ., D. LAITIN D, « Ethnicity Insurgence and Civil War », *American Political Science Review*, vol. 97 (1), 2003, pp. 75-90.

P. HUGON, - « L'économie des conflits en Afrique », *Revue internationale et stratégique*, 2001/3 n° 43, pp. 152-169.

- « Le rôle des ressources naturelles dans les conflits armés africains », *Hérodote*, 2009/3 n° 134, pp. 63-79.

P. JACQUEMOT, « Ressources minérales, armes et violences dans les Kivus (RDC) » *Hérodote* 2009/3 (n° 134), pp. 38-62.

R. DE KONING et J. MBAGA, « Conflits pour les ressources naturelles de la péninsule de Bakassi : du global au local », *Revue d'économie du développement* 2004/3-4 (Vol. 18), pp. 141-148.

P. LE BILLON et C. HOCQUARD, « Filières industrielles et conflits armés : le cas du tantale dans la région des Grands Lacs », *Ecologie & politique*, 2007/1 N° 34, pp. 83-92.

J–F. ORRU et al., « Le diamant dans la géopolitique africaine», *Afrique contemporaine*, 2007/1 n° 221, p. 173-203.

F. REYNTJENS, « The second Congo war: more than a remake », *African Affairs*, Vol. 98 (1998), pp. 241-50.

M. REYNAL-QUEROL, « Ethnicity, Political Systems and Civil War », *Journal of Conflict Resolution*, vol. 46, n° 1, 2002, pp. 29-54.

C. SERFATI et P. LE BILLON, « Mondialisation et conflits de ressources naturelles », *Ecologie & politique* 2007/1 (N° 34), pp. 33-42.

M. LE STER, « L'Est de la République démocratique du Congo : du « scandale géologique au scandale politique, économique, humanitaire », *Les Cahiers d'Outre-Mer* 255 (Juillet-Septembre 2011) Les Cahiers d'Outre-mer, 2011, n° 255, p. 435-438.

J. VANDEBURIE, « Le rôle de l'État dans la genèse des conflits liés aux ressources naturelles : le cas du Congo-Zaïre » *Ecologie & politique* 2007/1 (N° 34), pp. 57-68.

Amnesty International, « Le commerce du diamant dans les régions de la RDC tenues par le gouvernement », octobre 2002.

- Amnesty International, « Le commerce de la terreur » n° 4, 2002.

- Amnesty International, « Our Brothers who kill us. Economic exploitation and human rights abuses in the east », 2003.

- Amnesty International, « The true cost of diamonds », 31.07.2003.

- Africa Mining Intelligence, « Opérations de charme des patrons belges », 26.09.2003

- Rapport de Human Rights Watch du 2 juin 2005 « Le fléau de l'or ».

- Rapport du Groupe de recherche et d'information sur la paix et la sécurité (GRIP), A. RENAULD « RDC : ressources naturelles et transfert d'armes », 2005/I.

- Rapports de l'ONU sur l'exploitation illégale des ressources naturelles en République démocratique du Congo et autres richesses nationales, 2001 à 2008.

- Rapport du Groupe de Recherche et d'Information sur la Paix et la Sécurité (GRIP) – La guerre du Congo-Kinshasa : analyse d'un conflit et transferts d'armes vers l'Afrique centrale, George Berghesen et Félix Nkundabagenzi, Bruxelles, 1999.

- Gouvernement de la RDC, « Synthèse de l'additif au mémoire S/2001/1156 du gouvernement sur le pillage systématique et l'exploitation illégale des ressources naturelles et autres formes de richesses dans les territoires occupés de la RDC par les agresseurs rwandais, ougandais et burundais déposés auprès du Secrétaire général des Nations Unies », octobre 2002.

MÉMOIRES

- Mémoire n° S/2001/11/56 du Gouvernement de la RDC sur le pillage systématique et l'exploitation illégale des ressources naturelles et autres formes de richesses dans les territoires occupés de la RDC, agresseurs rwandais, burundais et ougandais, déposé auprès du SG de l'ONU en octobre 2002.

SITES INTERNET

Congolite.com
Réseauvoltaire.fr
Grioo.com
Ladocumentationfrançaise.fr
Grip.org
Afriquecentrale.fr
Africatime.com
Monuc.org
AFP-dfprivate.fr

Annexes

CHRONOLOGIE

26 février 1885 : Conférence de Berlin. Avènement de l'État indépendant du Congo.

1er juillet 1885 : Fondation de l'État indépendant du Congo, dont Léopold II est le « Roi souverain ».

1890-1893 : Exploration du Katanga et reconnaissance d'importants gisements de cuivre.

27 décembre 1892 : Décret sur la nationalité complété par le décret du 21 juin 1904 ; ce décret stipule que « Tout indigène congolais, tant qu'il réside sur le territoire de l'État, conserve la nationalité congolaise ».

1898 : Proclamation de la souveraineté allemande sur les deux royaumes intégrés sous une même identité, le Ruanda-Urundi, peuplés par les Hutus (démographiquement majoritaires), les Tutsis (minorité au pouvoir) et les Twa.

18 octobre 1908 : Cession du Congo indépendant à l'État belge.

11 août 1910 : Convention de Bruxelles fixant la frontière entre le Congo belge et le Rwanda.

1910-1911 : Première coulée de cuivre à Lumumbashi.

1912 : Accords tripartites entre la Belgique, la Grande-Bretagne et l'Allemagne, fixant les lignes de démarcation entre le Congo, l'Uganda (Ouganda) et le Ruanda (Rwanda). Suite à ces accords, les régions où l'on parlait le Kinyaruanda furent séparées du Ruanda : le Bufmbira et

Kigesi passèrent à la Grande-Bretagne (Uganda), tandis que la Belgique recevait le Jomba, le bwisha (Rutshurur), le Kamaronsi (Masisi).

1924 : La Société des nations place le territoire du Ruanda-Urundi sous mandat belge, transformé en tutelle en 1945. La Belgique s'appuie sur la monarchie rwandaise tutsie pour établir l'ordre colonial.

1931 : L'administration coloniale belge impose la délivrance d'une carte d'identité aux Rwandais mentionnant leur appartenance aux communautés hutu, **tutsi** et twa qu'ils considèrent comme des ethnies.

1933 : La région des Grands Lacs située au Congo belge est érigée en Province du Kivu.

1937 : La Belgique, puissance coloniale au Congo belge, ayant en même temps le pouvoir de tutelle sur le « Ruanda-Urundi », organise officiellement une transplantation massive de la population rwandaise vers le Kivu.

1940-1945 : Seconde Guerre Mondiale. La crise s'internationalise et le nouvel État du Congo joue un rôle majeur. Son uranium servira à fabriquer la première bombe atomique jetée sur Hiroshima, comme son caoutchouc avait servi à la fabrication de la pneumatique lors de la guerre de 1914-1918.

1955 : On dénombre 160 000 Rwandais au Kivu.

Novembre 1959 : Les troubles politiques, précédant l'indépendance du Ruanda amènent de nombreux réfugiés rwandais au Kivu. Ces réfugiés sont regroupés dans les centres de Bibwe (zone de Masisi), Ihula (zone de Walikale) et Kalonge (zone de Kalehe).

1er novembre 1959 : La révolte des Hutus, dite « révolution sociale » ou « Toussaint rwandaise », provoque le massacre de Tutsis qui fuient vers le Congo (essentiellement dans la zone Goma-Masisi-Walikale), l'Ouganda, le Burundi et la Tanzanie.

28 janvier 1961 : Les Hutus proclament la République du Rwanda.

30 juin 1960 : Proclamation de l'Indépendance du Congo par le Président Joseph Kasa-Vubu.

1960 à 1965 : Période marquée par de nombreux troubles : sécession katangaise, kasaïenne, assassinat de Lumumba, rébellion muleliste, coup d'État militaire, etc.

1er juillet 1962 : Proclamation de l'indépendance du Rwanda. Les Hutus exerceront le pouvoir sans partage jusqu'en 1994.

14 août 1962 : Création de la province du Kivu.

Mai 1963 : Décision de scinder en deux l'ancienne province du Kivu (Nord-Kivu et Kivu central).

Décembre 1963 : Offensive d'exilés tutsis sur le Rwanda à partir du territoire burundais. Les représailles font 10 000 morts tutsis et provoquent l'élimination de leurs leaders. Entre 1959 et 1963, près de 300 000 Tutsis rwandais s'exilent, soit la moitié de la population tutsie du pays.

1963-1964 : Tous les transplantés ou leurs descendants qui occupaient des postes politiques dans la municipalité de Masisi depuis la période coloniale ont été systématiquement déchus et remplacés par les Hunde autochtones.

1964 : Constitution de Luluabourg. L'article 6 de la Constitution stipule : « Il existe une seule nationalité congolaise. Elle est attribuée à la date du 30 juin 1960 à toute personne dont un des ascendants est ou a été membre d'une tribu ou d'une partie de tribu établie sur le territoire du Congo avant le 18 octobre 1908. »

7 juin 1966 : La loi Bakajika rend à l'État la pleine propriété sur ses biens fonciers et miniers.

1967 : Nouvelle Constitution. L'article 46 de la Constitution réserve à la loi la fixation des règles concernant la nationalité.

26 mars 1971 : Ordonnance-Loi n° 71-020. Cette ordonnance, en son article 15 stipule que les personnes originaires du Ruanda-Urundi établies au Congo à la date du 30 juin 1960 sont réputées avoir acquis la nationalité congolaise à cette date.

5 janvier 1972 : Loi n° 72-002 précisant que « les personnes originaires du Ruanda-Urundi qui étaient établies dans la province du Kivu avant le 1er janvier 1950 à la suite d'une décision de l'autorité coloniale, et qui ont continué à résider depuis lors dans la République jusqu'à l'entrée en vigueur de la présente loi, ont acquis la nationalité zaïroise à la date du 30 juin 1960 ».

5 juillet 1973 : Coup d'État militaire du Hutu Juvénal Habyarimana. Il sera élu à la présidence de la République en 1978, 1983, 1988.

Mars 1977 : Première Guerre du Shaba (Guerre des 80 jours) : insurrection de maquisards mêlés aux ex-gendarmes katangais (militaires de l'armée sécessionniste du Katanga) réfugiés en Angola.

1978 : Deuxième guerre du Shaba avec l'intervention des légionnaires français et militaires marocains.

29 juin 1981 : Ordonnance n° 82-061 relative à la nationalité zaïroise. Cette nouvelle loi abroge la loi n° 72-

002 du 5 janvier 1972. Elle énonce en son article 4 qu'« est zaïrois, aux termes de l'article 11 de la Constitution à la date du 30 juin 1960, toute personne, dont un des ascendants est ou a été membre d'une des tribus établies sur le territoire de la République du Zaïre dans ses limites du 1er août 1885, telles que modifiées par les conventions subséquentes ».

15 mai 1982 : Ordonnance n° 82-061 portant application de la loi de 1981 sur la nationalité zaïroise. Cette ordonnance dispose que « sont nuls et non avenus les certificats de la nationalité zaïroise ou tout autre document d'identité délivré en application de l'article 15 de la loi n° 72-002 du 5 janvier 1972 sur la nationalité zaïroise » (article 21).

1er octobre 1990 : Percée à l'intérieur du territoire rwandais des rebelles tutsis du Front patriotique rwandais (FPR) soutenus par l'Ouganda où ils sont réfugiés. Le Zaïre, la Belgique et la France (opération Noroît) apportent un soutien militaire au président rwandais Habyarimana (hutu). Dans la capitale Kigali, arrestation arbitraire de quelque 10 000 Rwandais tutsis ou opposants et massacre de 1 400 Tutsis à Kibilira par des extrémistes hutus.

1991 : La conférence nationale souveraine pose la question de la nationalité des Tutsis.

Mars 1992 : les extrémistes hutus réunis au sein de la Coalition pour la défense de la République (CDR) organisent des milices, les Interahamwe. Des Tutsis sont massacrés dans le Bugesera, au sud-est du pays.

Août à janvier 1993 : succession de massacres de Tutsis et de Hutus modérés par les Interahamwe, milices progouvernementales.

Avril 1993 : Création de la Radio-télévision libre des mille collines (RTLMC) qui incite à la haine des Tutsis et des Hutus modérés.

Octobre-décembre 1993 : Création de la MINUAR (Mission des Nations Unies pour l'assistance au Rwanda), composée de 2 500 casques bleus qui s'installent dans le pays après le départ des troupes françaises de l'opération Noroît en décembre.

Avril 1994 : Assassinat du Président Habyarimana et début du génocide tutsi au Rwanda.

Juillet 1994 : Le Front patriotique rwandais (FPR) s'empare de Kigali. 1,7 million de Rwandais hutus fuient vers le Zaïre et le Burundi.

4 août 1993 : Signature des accords d'Arusha (Tanzanie) entre le gouvernement et le FPR prévoyant un partage des pouvoirs civils et militaires entre Hutus et Tutsis. Cet accord ne sera jamais appliqué.

1er juillet 1962 : Proclamation de l'indépendance. Les Hutus accèdent au pouvoir qu'ils partagent avec les Tutsis, à des degrés divers, jusqu'à la période actuelle.

Mars-juin 1972 : Insurrection des Hutus contre le pouvoir tutsi et répression de l'armée à majorité tutsie faisant 100 000 à 200 000 morts parmi les Hutus. 200 000 Burundais s'expatrient vers le Zaïre, la Tanzanie et le Rwanda.

2 octobre 1987 : Le major Pierre Buyoya devient président de la République après un coup d'État militaire le 3 septembre.

23 novembre 1991 : Des violences tribales entre Hutus et Tutsis font plus de 500 morts.

1er juin 1993 : Élection présidentielle consacrant la victoire inattendue de Melchior Ndadaye, premier chef d'État hutu. Il remplace le Tutsi Pierre Buyoya, en place depuis 1987. Hutus et Tutsis sont représentés au gouvernement.

22 octobre 1993 : Tentative de putsch au cours duquel le président Melchior Ndadaye, hutu, est assassiné par un groupe d'officiers tutsis. Des groupes armés hutus massacrent alors des milliers de Tutsis. De son côté, l'armée dominée par les Tutsis abat des milliers de Hutus. Début de la guerre civile opposant le pouvoir aux mouvements rebelles hutus extrémistes.

CONGO/ZAÏRE

30 juin 1960 : Proclamation de l'indépendance du Congo rebaptisé Congo-Léopoldville. Le pouvoir est partagé entre le chef de l'État, Joseph Kasa-Vubu, et le premier ministre Patrice Lumumba.

1963-1965 : Un premier conflit ethnique éclate au Nord-Kivu dans la région du Masisi, entre les Banyarwanda (hutus et tutsis, réfugiés venus du Rwanda en 1959) et les populations autochtones Nande, Hunde et Nyanga.

25 novembre 1965 : Appuyé par le gouvernement belge et les États-Unis, le général Mobutu destitue le président Kasa-Vubu, s'empare du pouvoir et se proclame président de la République démocratique du Congo.

Mars 1993 : Au Kivu, province à l'est du pays, massacres de Banyarwanda (Zaïrois hutus et tutsis originaires du Rwanda et du Burundi voisins) par des autochtones, les Nyanga autour de Walikale et les Hunde autour de Masisi. Les violences interethniques font 7 000 victimes en quatre mois selon l'ONG Oxfam.

6 avril 1994 : Attentat meurtrier contre l'avion qui ramène le président rwandais Juvénal Habyarimana (hutu) et son homologue burundais Cyprien Ntaryamira (hutu) d'un sommet régional en Tanzanie.

7 avril 1994 : À Kigali, déclenchement des massacres de la minorité tutsie et de l'opposition hutue modérée par les extrémistes hutus. Début de la fuite de la population vers les pays voisins.

23 juin 1994 : Intervention militaire et humanitaire française baptisée opération Turquoise, pour une durée de deux mois.

4 juillet 1994 : Après trois mois de violents combats, les rebelles tutsis du FPR entrent dans la capitale rwandaise Kigali. Quelque 1,2 million de Rwandais hutus fuient vers les pays voisins, notamment vers le Kivu, à l'est du Zaïre.

17 juillet 1994 : Formation du gouvernement d'unité nationale par Faustin Twagiramungu, Hutu modéré. Pasteur Bizimungu, Hutu modéré, est nommé président de la République et Paul Kagamé, chef des rebelles du FPR, devient vice-président.

22 février 1995 : Arusha (Tanzanie) devient le siège du Tribunal pénal international pour le Rwanda, institué par la résolution du Conseil de sécurité de l'ONU du 8 novembre 1994, afin de juger les personnes présumées responsables du génocide rwandais.

22-23 avril 1995 : L'Armée patriotique rwandaise (APR) élimine plusieurs milliers de réfugiés hutus dans le camp de déplacés de Kibeho, au sud-ouest du Rwanda.

Août 1995 : Le Zaïre expulse des milliers de réfugiés (hutus et tutsis) rwandais et burundais. Ils servaient de boucliers humains aux ex-Forces armées rwandaises (ex-FAR, dominées par les Hutus) infiltrées dans les camps de réfugiés et décidées à reprendre le pouvoir au Rwanda.

1996-1997 : Premier conflit dans les Grands Lacs : la prise du pouvoir par L-D Kabila au Zaïre.

13 octobre 1996 : Début de la rébellion des Tutsis Banyamulenge à Uvira, dans le Sud-Kivu, début de la rébellion des Banyamulenge, Congolais tutsis d'origine rwandaise, soutenus militairement par le Rwanda, l'Ouganda et le Burundi. Avec d'autres opposants au président zaïrois le maréchal Mobutu, ils se regroupent dans l'Alliance des forces démocratiques pour la libération du Zaïre (AFDL) dirigée par Laurent-Désiré Kabila.

Novembre-décembre 1996 : L'AFDL démantèle les camps de réfugiés rwandais infiltrés par les ex-Forces armées rwandaises (ex-FAR) et les milices de Hutus extrémistes – les Interahamwe – responsables du génocide de 1994. Catastrophe humanitaire pour plus d'un million de réfugiés.

2 mars 1997 : La rébellion s'empare de l'immense camp de réfugiés de Tingi Tingi, à Kindu (province de Maniema) mettant en fuite près de 120 000 réfugiés.

Février-avril 1997 : Face à la déroute des Forces armées zaïroises (FAZ), Laurent-Désiré Kabila conquiert les deux tiers du territoire.

16-17 mai 1997 : du Zaïre à la République démocratique du Congo.

Après 30 ans de pouvoir, le président Mobutu part en exil avant la victoire des rebelles. L-D Kabila s'autoproclame président de la République démocratique du Congo (RDC), nouvelle dénomination du Zaïre. Les rebelles investissent la capitale Kinshasa le 17 mai.

1998 – 2002 : Deuxième conflit : sept pays africains en guerre en RDC.

1998 : Partage de la RDC entre les belligérants.

27 juillet 1998 : L-D Kabila rompt ses alliances avec le Rwanda, l'Ouganda et le Burundi.

2 août 1998 : Début du deuxième conflit de la RDC au Kivu. Une nouvelle rébellion de Tutsis Banyamulenge éclate au Kivu contre les troupes gouvernementales de L-D Kabila, soutenue par ses ex-alliés, le Rwanda et l'Ouganda.

16 août 1998 : La rébellion forme une coalition politico-militaire, le Rassemblement congolais pour la démocratie (RCD), dirigée par Ernest Wamba dia Wamba. Sept pays entrent en guerre sur le sol congolais : les rebelles congolais sont soutenus par le Rwanda, l'Ouganda et le Burundi ; L-D Kabila, soutenu par des soldats des ex-Forces armées rwandaises toujours réfugiés en RDCongo et d'autres milices congolaises telles les Maï-Maï, s'allie à l'Angola, la Namibie, le Zimbabwe et le Tchad qui se retire rapidement des combats.

23 août 1998 : Les rebelles du RCD prennent Kisangani (capitale de la Province orientale), troisième ville du pays. Ils menacent la capitale Kinshasa par une audacieuse opération aéroportée, stoppée in extremis par l'intervention des troupes venues d'Angola, de Namibie et du Zimbabwe. Début de la partition du pays : les Nord et Sud-Kivu tombent sous le contrôle du RCD qui occupe aussi des parties du Maniema, du Katanga, de la Province orientale ; l'ouest reste sous le contrôle de L-D Kabila et de ses alliés.

1er octobre 1998 : Une autre rébellion se forme dans la province de l'Équateur, le Mouvement pour la libération du Congo (MLC) dirigé par J-P Bemba. Le MLC prend le contrôle de la région, soutenu par l'Ouganda dont les troupes sont stationnées en Équateur et en Province orientale.

12 octobre 1998 : Les rebelles s'emparent de la ville de Kindu, quartier général de l'armée congolaise. Ils poursuivent leur offensive vers les régions minières du Kasaï et du Katanga.

1999 : Lancement du processus de paix, mais rupture d'alliance entre le Rwanda et l'Ouganda.

18 avril 1999 : Accord de paix entre la République démocratique du Congo et l'Ouganda signé à Syrte, en Libye. Il n'a jamais été appliqué.

17 mai 1999 : Scission du RCD en deux mouvements rebelles distincts et renversement de leurs alliances avec le Rwanda et l'Ouganda. Une direction, le RCD-Goma, est installée à Goma, dirigée par Emile Llunga et appuyée par le Rwanda. L'autre direction, le RCD-Kisangani, est installée à Kisangani, dirigée par Wemba di Wemba et soutenue par l'Ouganda qui soutient aussi le MLC (en 1998, Wemba était soutenu par le Rwanda). La partition du pays est effective : les groupes armés contrôlent le nord-est et le sud-est de la RDC, le gouvernement ne contrôlant plus que la moitié ouest.

Mai - juin 1999 : En Ituri, révolte des Lendus (ethnie majoritaire, soutenue par le Rwanda) contre les Hemas propriétaires de grandes exploitations. L'armée ougandaise (UPDF) qui a établi une base à Bunia, soutient les Hemas.

23 juin 1999 : Le Gouvernement de la République démocratique du Congo a déposé au Greffe de la Cour une requête introductive d'instance contre le Gouvernement de la République de l'Ouganda au sujet d'un différend relatif à « des actes d'agression armée perpétrés par l'Ouganda sur le territoire de la République démocratique du Congo. » 19 juin 2000, le Congo a présenté à la Cour une demande en indication de mesures conservatoires en vertu de l'article 41 du Statut ; et que, par ordonnance du 13 juillet 2000, la Cour a indiqué certaines mesures conservatoires.

10 juillet 1999 : Accords de Lusaka : cessez-le-feu signé à Lusaka (Zambie) par les sept États impliqués dans le conflit (le Tchad s'était retiré peu après le début des hostilités). Il est ratifié en août par les rebelles du MLC et des deux tendances du RCD. Les armées étrangères ont neuf mois pour quitter la République démocratique du Congo. L'armée rwandaise occupe une partie de la Province orientale, le Nord et le Sud-Kivu ainsi que le Nord-Katanga. L'armée ougandaise contrôle la partie nord de la province de l'Équateur et de la Province orientale. Malgré l'accord, combats et massacres continuent.

Août 1999 : Premiers affrontements entre le Rwanda et l'Ouganda qui se disputent le contrôle de la ville de Kisangani (Province orientale), plaque tournante du marché du diamant, causant la mort de deux cents civils.

30 novembre 1999 : La résolution 1279 du Conseil de sécurité de l'ONU autorise la création de la Mission des Nations Unies en République démocratique du Congo (MONUC).

Août-décembre 1999 : En Ituri, des massacres interethniques entre Lendus et Hemas font près de 5 000 morts dans la région de Bunia et 150 000 déplacés.

2000 : Combats entre le Rwanda et l'Ouganda sur le territoire congolais.

Mai-juin 2000 : Nouveaux combats entre les anciens alliés, le Rwanda et l'Ouganda à Kisangani qui s'affrontent pour le contrôle des richesses diamantifères de la région.

Le 14 mai : Un sommet a lieu à Mwanza (Tanzanie) entre les présidents rwandais et ougandais, Paul Kagamé et Yoweri Museveni, qui ordonnent un cessez-le-feu, la démilitarisation de Kisangani et un retrait des troupes à au moins 100 km de la ville à partir du 25 mai.

Le 21 mai : Un accord signé par les deux armées sous les auspices de l'ONU confirme cette décision.

Entre le 5 et 10 juin : De violents combats reprennent cependant à Kisangani faisant au moins 150 morts et plus de 1 000 blessés dans la population civile.

16 juin 2000 : Résolution 1304 de l'ONU ordonnant le retrait de toutes les troupes étrangères du territoire congolais sans fixer de date limite.

2001 : Relance du processus de paix par Joseph Kabila, successeur de L-D Kabila.

16 janvier 2001 : Assassinat du président Laurent-Désiré Kabila.

Son fils Joseph Kabila est nommé chef de l'État le 17 janvier. Dans son discours d'investiture, le 26 janvier, il annonce sa volonté de normaliser les relations de la République démocratique du Congo avec la communauté internationale et de relancer le processus de paix inscrit dans l'Accord de Lusaka signé en juillet 1999 mais jamais appliqué.

15 février 2001 : Relance de la mise en œuvre de l'accord de cessez-le-feu de juillet 1999 au cours d'un nouveau sommet régional à Lusaka (RDC, Angola, Zimbabwe, Namibie, le Rwanda et l'Ouganda étant absents, et trois factions rebelles : MLC, RCD-Goma, RCD-Kisangani).

Joseph Kabila accepte la médiation de Katumile Masire, ex-président zambien, et le déploiement des casques bleus. Face à cette ouverture diplomatique et à la pression de la communauté internationale, le Rwanda et l'Ouganda commencent à retirer leurs troupes du territoire congolais le 28 février.

29 mars 2001 : La MONUC déploie son premier contingent dans l'est, en territoire rebelle, et le 4 avril en zone gouvernementale.

15 octobre 2001 : Ouverture officielle du dialogue intercongolais à Addis-Abeba, en Éthiopie. Ce forum réunit 80 délégués représentant le gouvernement congolais, les rébellions, l'opposition politique et la société civile. Il doit régler le volet politique de l'accord de Lusaka dont le cessez-le-feu n'a pas été respecté depuis juillet 1999. Mais il est immédiatement interrompu pour ne reprendre qu'en février 2002.

2002 : Retrait des troupes étrangères de la RDC et ouverture du dialogue intercongolais.

25 février-18 avril 2002 : Ouvert officiellement le 15 octobre 2001 à Addis-Abeba et immédiatement interrompu, le dialogue intercongolais reprend à Sun City, en Afrique du Sud, sous la médiation de l'ancien président botswanais Ketumile Masire. Quelque 300 délégués du gouvernement congolais, des mouvements rebelles congolais soutenus par l'Ouganda (MLC, RCD-ML dénommé aussi RCD-Kisangani), de l'opposition politique et de la société civile sont réunis pour élaborer un accord sur le régime de transition à mettre en place avant les élections. Un accord partiel du partage du pouvoir est conclu. Il n'est pas signé par le RCD-Goma et plusieurs partis d'opposition radicale.

Juin 2002 : Troisième affrontement entre le Rwanda et l'Ouganda à Kisangani. L'Armée patriotique rwandaise (APR) chasse de la ville l'armée ougandaise, les Forces de défense populaires d'Ouganda (UPDF), faisant près de 1 200 morts parmi la population.

30 juillet 2002 : Accord entre la RDC et le Rwanda signé à Pretoria (Afrique du Sud). Le président rwandais Paul Kagamé s'engage à retirer ses 30 000 soldats de la RDCongo en échange du désarmement et du regroupement par le gouvernement congolais de quelque 12 000 rebelles extrémistes hutus rwandais (ex-Forces armées rwandaises et milices Interahamwe responsables du génocide de 1994) repliés en RDC, puis de leur rapatriement au Rwanda.

6 septembre 2002 : Accord entre la RDC et l'Ouganda signé à Luanda (Angola). Il prévoit le retrait total des troupes ougandaises du nord-est du territoire et la normalisation des relations diplomatiques entre les deux pays. La date du retrait est maintes fois repoussée.

5 octobre 2002 : Fin du retrait des troupes de l'Armée patriotique rwandaise (APR).

30 octobre 2002 : Fin du retrait des troupes angolaises, namibiennes et zimbabwéennes, alliées au gouvernement congolais.

17 décembre 2002 : Poursuite du dialogue intercongolais à Pretoria sous la médiation de l'ONU et de l'Afrique du Sud : l'accord de cessez-le-feu de Lusaka de juillet 1999 est complété par un accord politique global sur le partage du pouvoir pendant une période de transition de deux ans entre Joseph Kabila et quatre vice-présidents émanant des quatre composantes des négociations ouvertes depuis octobre 2001: le gouvernement, les deux principaux mouvements rebelles (MLC et RCD-Goma), l'opposition non armée et la société civile. Des élections générales auront lieu après la période de transition, en juin et juillet 2005.

Fin 2002 : Officiellement les troupes étrangères se sont retirées de la RDCongo. Mais dans l'est et le nord-est, les combats impliquant une myriade de groupes armés rivaux redoublent d'intensité. Ils sont entretenus par le Rwanda et l'Ouganda qui entendent garder, par guérilla interposée, le contrôle de l'exploitation des riches ressources naturelles de la région.

Depuis 2003 : Entre paix et guerre en RDC.

2003 : Début de la transition démocratique en RDC malgré la poursuite des violences.

2 avril 2003 : Clôture et signature de l'Acte final du dialogue intercongolais à Sun City (Afrique du Sud). L'« accord global et inclusif » aménagera la période de transition prévue jusqu'en juillet 2005.

4 avril 2003 : Promulgation de la constitution de transition.

7 mai 2003 : Fin du retrait des troupes ougandaises de Bunia.

L'Ouganda maintient cependant des soldats dans d'autres poches de combats en Ituri.

30 mai 2003 : Par la résolution 1484 adoptée par le Conseil de sécurité, l'ONU décide la création d'une force multinationale d'urgence en Ituri pour sécuriser Bunia. Elle est déployée par l'Union européenne et placée sous commandement français (effectifs : 1 850 hommes de neuf pays, en majorité français). Nom de code : Artémis. L'opération débute le 6 juin 2003 et prend fin le 1er septembre 2003.

30 juin 2003 : Nomination d'un gouvernement de transition en République démocratique du Congo selon l'accord conclu à Pretoria le 17 décembre 2002. Dirigé par le chef de l'État Joseph Kabila assisté de quatre vice-présidents, le gouvernement d'union nationale où sont représentées toutes les composantes du dialogue intercongolais (gouvernement, MLC, RCD et opposition politique) est chargé de préparer des élections libres dans un délai de deux ans.

1er septembre 2003 : Fin de l'opération Artémis en Ituri relayée par environ 4 700 casques bleus (chiffres fin 2004) de la MONUC (Brigade de l'Ituri) dont le mandat a été élargi et renforcé par la résolution 1493 du 28 juillet 2003 du Conseil de sécurité.

2004 : Vers une réconciliation entre les pays des Grands Lacs ?

Avril 2004 : Au Kivu, la tension monte à nouveau entre le Rwanda et la République démocratique du Congo après l'attaque d'un village rwandais par des rebelles rwandais hutus, basés en RDC, responsables du génocide de 1994 et regroupés sous le nom de Forces démocratiques de libération du Rwanda (FDLR).

14 mai 2004 : Six des sept groupes armés opérant en Ituri signent l'« Acte d'engagement de Kinshasa » par lequel ils s'engagent à déposer les armes.

16 mai 2004 : Le gouvernement congolais nomme les nouveaux gouverneurs et vice-gouverneurs des onze provinces. La restauration de l'autorité de l'État sur l'ensemble du territoire est une composante majeure du processus de réconciliation en cours en RDC.

26 mai-9 juin 2004 : Dans la région de Bukavu, au Sud-Kivu, violents affrontements entre les Forces armées de la

République du Congo (FARDC) et deux groupes de soldats dissidents issus de la communauté banyamulenge (Congolais tutsis d'origine rwandaise). Ces combats raniment les tensions latentes entre la RDC et le Rwanda voisin, accusé de soutenir les dissidents, ce qu'il dément.

25 juin 2004 : Sous la pression des États-Unis et de la Grande-Bretagne, et sous les auspices du président nigérian Obasanjo, un mini-sommet réunit au Nigeria le président congolais Joseph Kabila et son homologue rwandais Paul Kagamé pour tenter d'apaiser les tensions entre les deux pays.

13 août 2004 : Au Burundi, dans le camp de réfugiés de Gatumba, près de la frontière avec la République démocratique du Congo, massacre de 159 Banyamulenge par des rebelles hutus burundais des Forces nationales de libération (FNL), venus de leurs bases arrière situées en RDC.

Ces tueries attisent une fois de plus les graves tensions qui perdurent entre Hutus et Tutsis dans la région. Elles menacent aussi la transition en cours en RDC.

22 septembre 2004 : La RDC et le Rwanda acceptent de mettre en œuvre un Mécanisme conjoint de vérification (MCV) pour aider à résoudre les questions de sécurité le long de leur frontière commune.

1er octobre 2004 : La résolution 1565 du Conseil de sécurité de l'ONU proroge le mandat de la MONUC jusqu'au 31 mars 2005 et autorise l'augmentation des effectifs de 5 900 personnes.

16 octobre 2004 : Joseph Kabila se rend pour la première fois depuis le début de la transition dans l'est du pays, notamment à Kisangani, chef-lieu de la Province orientale, et à Kindu, chef-lieu du Maniema, pour affirmer la restauration de l'État et la réunification du pays, partagé sur les plans militaire, administratif et politique depuis 1999 entre mouvements rebelles et gouvernement central.

26 octobre 2004 : Accord signé à Kigali (Rwanda), sous l'égide des États-Unis, entre la RDC, le Rwanda et l'Ouganda aux termes duquel les trois pays restant en conflit depuis 1998 s'engagent à coopérer au sein d'une commission de défense et sécurité en vue de neutraliser les groupes armés opérant dans la région.

19-20 novembre 2004 : Sommet de Dar es-Salam (Tanzanie) ouvrant la Conférence internationale pour la paix, la sécurité, la démocratie et le développement dans la région des Grands Lacs réunie à l'initiative de Kofi Annan, Secrétaire général de l'ONU. Un deuxième sommet aura lieu en 2005. Il devra présenter un Pacte de sécurité, de stabilité et de développement constitué, d'une part, de la déclaration de Dar es-Salam qui aura déterminé le cadre général et les orientations politiques de la Conférence et, d'autre part, des programmes d'action qui seront préparés entre les deux sommets par un comité ministériel.

Décembre 2004 : De violents combats ont lieu à Kanyabayonga, au Nord-Kivu, entre des soldats mutins tutsis issus du Rassemblement congolais pour la démocratie (RCD, ex-rébellion soutenue par le Rwanda) et l'armée régulière. Les mutins l'accusent de soutenir les rebelles hutus rwandais des FDLR (Forces démocratiques de libération du Rwanda) réfugiés en RDC qui, selon les mutins, exercent des violences contre les Tutsis congolais d'origine rwandaise installés dans la région. De son côté, le Rwanda accuse les FDLR de menacer sa sécurité et reproche à la RDC de ne pas les désarmer comme le prévoit l'accord RDC-Rwanda du 22 septembre 2004. Dans cette province, la population ne cesse de subir exactions et violences malgré la transition démocratique en cours.

2005 : Une nouvelle constitution pour la RDC.

29 mars 2005 : Par la résolution 1592 du Conseil de sécurité [PDF, 42 Ko], le mandat de la MONUC est prolongé jusqu'au 1er octobre 2005. En mars, la mission lance de vastes opérations militaires dans la région de Bunia pour tenter de sécuriser la zone ravagée par les milices ethniques rivales lendus et hemas qui refusent le processus de désarmement et de réinsertion dans la nouvelle armée congolaise.

18 avril 2005 : L'embargo sur les armes est étendu à l'ensemble de la République démocratique du Congo par la résolution 1596 du Conseil de sécurité [PDF, 52 Ko]. L'embargo, décidé le 28 juillet 2003 par la résolution 1493 du Conseil de sécurité, frappait les armes à destination du Nord et du Sud-Kivu.

13 mai 2005 : Adopté en première lecture par le Sénat le 17 mars, le projet de Constitution de la République démocratique du Congo est voté par l'Assemblée nationale à une large majorité. Il pose les bases d'un État démocratique avec un président élu au suffrage universel et des représentants librement élus pour la première fois depuis 40 ans. La RDC opte pour un régime semi-présidentiel dans un État unitaire fortement décentralisé comprenant 26 provinces au lieu de 11. Le texte doit être entériné par un référendum prévu le 27 novembre 2005.

17 juin 2005 : Le Parlement de la République démocratique du Congo vote à une large majorité la prolongation de la transition politique jusqu'au 31 décembre 2005, en raison du retard pris par les travaux de la Commission électorale indépendante et aux difficultés matérielles dans le pays désorganisé par la guerre. Lancée en 2003, elle était censée s'achever le 30 juin 2005.

15 décembre 2005 : Le Parlement vote une seconde prolongation de six mois de la transition politique, du 1er janvier au 30 juin 2006.

18-19 décembre 2005 : Le projet de Constitution est approuvé par référendum avec 84,31 % des suffrages.

2006-2007 : Fin de la période de transition en RDC et espoir de paix dans la région des Grands Lacs.

23 janvier 2006 : Huit casques bleus guatémaltèques de la MONUC sont tués en Ituri lors d'un accrochage avec des rebelles ougandais implantés en RDC. Depuis la création de la MONUC en 1999, 28 casques bleus ont été victimes des rebelles.

18 février 2006 : Promulgation de la Constitution qui annule la constitution de transition votée le 4 avril 2003.

25 avril 2006 : La résolution 1671 (2006) du Conseil de sécurité de l'ONU autorise le déploiement de l'EUFOR RDCongo, opération temporaire de l'Union européenne constituée d'une force de 2 000 hommes devant soutenir les 17 000 soldats de la MONUC. Placée sous commandement allemand, l'opération est chargée d'assurer la sécurité pendant et après les élections présidentielles et législatives du 30 juillet suivant qui mettront un terme à la période de transition.

20 mai-1er juin 2006 : Les Forces armées de la RDC (FARDC) et la MONUC déclenchent une offensive en Ituri contre les miliciens du Mouvement révolutionnaire congolais (MRC) qui entretiennent la terreur dans la région à l'approche des élections.

30 juin 2006 : La résolution 1693 (2006) du Conseil de sécurité proroge jusqu'au 30 septembre 2006 l'augmentation de l'effectif militaire et de police civile de la MONUC autorisée par les résolutions 1621 et 1635 (2005).

30 juillet et 24 octobre 2006 : Le président congolais sortant Joseph Kabila est élu au 2e tour de l'élection présidentielle avec 58,05 % des voix contre 41,91 % à son rival le vice-président sortant Jean-Pierre Bemba. Il est investi le 6 décembre.

29 septembre 2006 : La résolution 1711 (2006) du Conseil de sécurité de l'ONU proroge le mandat de la MONUC jusqu'au 15 février 2007.

14-15 décembre 2006 : Le 2e sommet des 11 pays membres de la Conférence internationale sur la région des Grands Lacs (CIRGL) se tient à Nairobi (Kenya) où le Pacte sur la sécurité, la stabilité et le développement dans la région des Grands Lacs est signé par les chefs d'État concernés. Il devra être ratifié par chaque pays. Le secrétariat permanent de la Conférence, dont le prochain sommet est prévu en 2008, sera établi à Bujumbura (Burundi).

5 février 2007 : Désigné Premier ministre le 30 décembre 2006, l'opposant congolais Antoine Gizenga forme un gouvernement de 60 membres chargé d'entamer la reconstruction de la RDC après cinq ans de guerre et une longue transition politique.

15 février 2007 : La résolution 1742 (2007) du Conseil de sécurité de l'ONU autorise la prolongation du mandat de la MONUC jusqu'au 15 avril 2007.

26-28 février 2007 : À Kinshasa, les parlementaires des 11 pays de la région des Grands Lacs se réunissent pour amorcer la mise en œuvre du Pacte sur la sécurité signé le 15 décembre à Nairobi.

Glossaire

AFDL

Alliance des forces démocratiques pour la libération du Zaïre, dirigée par Laurent-Désiré Kabila pendant le premier conflit du Zaïre de 1996 à 1997.

APR

Armée patriotique rwandaise, appellation de la nouvelle armée rwandaise après la prise du pouvoir par les Tutsis du Front populaire rwandais (FPR) en 1994.

B

Banyamulenge

Signifie en Kinyarwanda (langue des Rwandais), gens (Banya) de la montagne (Mulenge). Ce terme désigne à l'origine une petite communauté de pasteurs tutsis implantés au cours du XIXe siècle sur les hauts plateaux du Sud-Kivu. Leur capitale est Minembwe, située au sud-ouest d'Uvira, au pied du mont Mulenge (d'où leur nom). Ils compteraient entre cent cinquante mille et deux cent mille membres. Longtemps, ils sont apparus comme intégrés dans leur environnement local. À partir de 1977, la signification du terme s'élargit pour désigner les réfugiés rwandais établis au Sud-Kivu. En 1996, les médias zaïrois l'utiliseront sans discernement pour parler de l'ensemble des Tutsis présents au Kivu : Banyamulenge, Banyarwanda, Tutsis du Nord-Kivu, migrants économiques des années trente ou cinquante, réfugiés politiques des années 60/90, voire Tutsis rwandais. En substance, congolais tutsis d'origine rwandaise installés en République démocratique du Congo (RDC), au Sud-Kivu, dans la région de Mulenge au sud d'Uvira.

Banyarwanda
Banyarwanda (les gens du Rwanda) : terme générique qui désigne un ensemble de communautés de Congolais hutus et tutsis d'origine rwandaise qui se sont implantés par vagues successives au Kivu, en RDC.

I

Interahamwe :
En kinyarwanda, littéralement « ceux qui se tiennent ou attaquent ensemble ». Milices rwandaises hutues appartenant à la branche jeunesse de l'ancien parti unique (hutu) du président rwandais Juvénal Habyarimana. Les Interahamwe ont participé au génocide rwandais en 1994, avec les Forces armées rwandaises, au service du MRND (Mouvement révolutionnaire national pour le développement), parti du président Habyarimana.
Ituri (district de l')
Situé dans l'est de la Province orientale de la RDC, frontalier avec l'Ouganda, dévasté depuis 1999 par des groupes armés rivaux congolais soutenus par le Rwanda et l'Ouganda.

K

Kivu (province du)
Située dans l'est de la RDC, frontalière avec le Rwanda et le Burundi, actuellement divisée en deux entités administratives : le Nord-Kivu (chef-lieu : Goma) et le

Sud-Kivu (chef-lieu : Bukavu). Épicentre des violences entre Hutus et Tutsis congolais d'origine rwandaise depuis 1994.

L

Lendu
Ethnie congolaise majoritaire en Ituri, district situé dans l'est de la Province orientale, en RDC. Composée essentiellement d'agriculteurs. Les groupes armés lendus sont soutenus par le Rwanda.

M

Maï-Maï
Du mot mayi qui signifie eau. Selon leur croyance, les combattants aspergés d'eau magique deviennent invulnérables, les balles qui les frappent se transformant en eau. Rebelles opérant dans l'est de la RDC, dont l'objectif est de chasser les Tutsis du pays. Participent au gouvernement de transition congolais depuis juin 2003.
MLC
Mouvement de libération du Congo. Rebelles congolais basés à Gbadolite, au nord-est, dans la province de l'Équateur. Participent au gouvernement de transition congolais depuis juin 2003.
MONUC
Mission de l'Organisation des Nations Unies en République démocratique du Congo créée en 1999.

P

PPRD
Parti du peuple pour la reconstruction et la démocratie, soutien du président congolais Joseph Kabila.
PUSIC
Parti pour l'unité et la sauvegarde de l'intégrité du Congo, groupe armé à majorité hema basé en Ituri.

R

RCD-Goma
Rassemblement congolais pour la démocratie-Goma. Groupe armé fondé en 1998, basé à Goma et soutenu par le Rwanda. Ex-rebelles participant au gouvernement de transition congolais depuis juin 2003.
RCD-ML (ou RCD-K)
Rassemblement congolais pour la démocratie-Mouvement de libération (ou RCD-Kisangani). Groupe armé congolais fondé en 1999 (issu du RCD-Goma), basé à Beni et Butembo, soutenu par l'armée ougandaise. Ex-rebelles participant au gouvernement de transition congolais depuis juin 2003.
RCD-N
Rassemblement congolais pour la démocratie-Nationale, groupe armé congolais basé dans le nord de l'Ituri. Ex-rebelles participant au gouvernement de transition congolais depuis juin 2003.

T

TPIR
Tribunal spécial pour le Rwanda siégeant à Arusha (Tanzanie), créé par le Conseil de sécurité de l'ONU en 1994 pour juger les crimes de guerre commis au Rwanda pendant le génocide de 1994.
Tutsi
Composante minoritaire (15 %) de la population du Rwanda et du Burundi qui s'affronte depuis des décennies aux Hutus majoritaires et détient actuellement le pouvoir dans les deux pays.

U

UPC
Union des patriotes congolais, groupe armé à majorité hema basé en Ituri, fondé en août 2002, qui s'est dissocié du RCD-ML. D'abord soutenu par l'armée ougandaise puis par le Rwanda.
UPDF
Ugandan People's Défense Force. Armée gouvernementale ougandaise.

Z

Zaïre/Congo

Table des matières

L'HARMATTAN, ITALIA
Via Degli Artisti 15; 10124 Torino

L'HARMATTAN HONGRIE
Könyvesbolt ; Kossuth L. u. 14-16
1053 Budapest

ESPACE L'HARMATTAN KINSHASA
Faculté des Sciences sociales,
politiques et administratives
BP243, KIN XI
Université de Kinshasa

L'HARMATTAN CONGO
67, av. E. P. Lumumba
Bât. – Congo Pharmacie (Bib. Nat.)
BP2874 Brazzaville
harmattan.congo@yahoo.fr

L'HARMATTAN GUINÉE
Almamya Rue KA 028, en face du restaurant Le Cèdre
OKB agency BP 3470 Conakry
(00224) 60 20 85 08
harmattanguinee@yahoo.fr

L'HARMATTAN CAMEROUN
BP 11486
Face à la SNI, immeuble Don Bosco
Yaoundé
(00237) 99 76 61 66
harmattancam@yahoo.fr

L'HARMATTAN CÔTE D'IVOIRE
Résidence Karl / cité des arts
Abidjan-Cocody 03 BP 1588 Abidjan 03
(00225) 05 77 87 31
etien_nda@yahoo.fr

L'HARMATTAN MAURITANIE
Espace El Kettab du livre francophone
N° 472 avenue du Palais des Congrès
BP 316 Nouakchott
(00222) 63 25 980

L'HARMATTAN SÉNÉGAL
« Villa Rose », rue de Diourbel X G, Point E
BP 45034 Dakar FANN
(00221) 33 825 98 58 / 77 242 25 08
senharmattan@gmail.com

L'HARMATTAN TOGO
1771, Bd du 13 janvier
BP 414 Lomé
Tél : 00 228 2201792
gerry@taama.net

651946 - Mai 2016
Achevé d'imprimer par

1livre.com
du rêve à la réalité !